HANES Y OESOEDD CANOL CYTHRYBLUS

Catrin Stevens

Lluniau Graham Howells

Gomer

Argraffiad cyntaf – 2005

ISBN 1 84323 423 8

ⓗ y testun: Catrin Stevens, 2005

Mae Catrin Stevens wedi datgan ei hawl dan
Ddeddf Hawlfraint, Dyluniadau a Phatentau 1988
i gael ei chydnabod fel awdur y llyfr hwn.

ⓗ y lluniau: Graham Howells, 2005

Dymuna'r cyhoeddwyr gydnabod cymorth
Adrannau Cyngor Llyfrau Cymru.

*Argraffwyd gan
Wasg Gomer, Llandysul, Ceredigion SA44 4JL*

Cynnwys

CYFLWYNIAD

Mae Hanes yn gallu bod yn atgas.

Sawl gwaith ydych chi wedi eistedd mewn gwers Hanes atgas a gwrando ar athrawon Hanes yn mynd ymlaen ac ymlaen am deulu brenhinol Lloegr?

A gorfod ateb cwestiynau fel:

(iii)

Peidiwch ag ateb fel hyn yn y dosbarth, wrth gwrs, neu mi fydd hi'n Rhyfel Dosbarth.

Ac efallai y byddai'n well i chi wybod hefyd:

(i) Mai o Normandi neu Ffrainc yr oedd Gwilym y Concwerwr yn dod, nid Lloegr.
(ii) Bod Harri'r VIII yn chwarter Cymro.
(iii) Albanwyr oedd y Stiwartiaid ddechreuodd y Rhyfel Cartre.

Sori, teulu brenhinol diflas Lloegr.

★★★

Yn anffodus doedd dim llawer o frenhinoedd gan Gymru i fod yn atgas – dim ond tywysogion truenus ac arglwyddi anobeithiol. Ond mae digon o ffeithiau ffiaidd a hanesion haerllug am bobl atgas eraill oedd yn byw yng Nghymru yn yr Oesoedd Canol. Cyn i chi ddechrau darllen eu hanes hyll dyma rybudd swyddogol:

Pam? Fe fyddan nhw'n dwlu arno fe gymaint fe gewch chi ragor o gwestiynau diflas i'w hateb.

Cwis Canoloesol Cyflym cyn Cychwyn

1. Pryd oedd yr Oesoedd Canol?

    (i) Cyn yr Oesoedd Hwyr.
    (ii) Ar ôl yr Oesoedd Cynnar.
    (iii) Rhwng tua 1063 a 1415.

2. Faint o bobl oedd yn byw yng Nghymru yn yr Oesoedd Canol?

    (i) Dim syniad – wnaeth neb eu cyfrif.
    (ii) Tua 300,000 – 10% faint sy'n byw yma heddiw.
    (iii) Neb.
    (iv) 10 miliwn am ei bod hi'n wlad mor bert.

3. Pam fod y Saeson yn galw Cymru a'r Cymry yn 'Wales' a 'Welsh'?

    (i) Am nad oedden nhw'n gallu sillafu a bod cannoedd o forfilod (*whales*) yn byw yma.
    (ii) Am eu bod nhw'n meddwl mai estroniaid oedd y Cymry (yng Nghymru!) – yr hen air Saesneg am estroniaid oedd 'wealas'.

(iii) Am nad oedden nhw'n gallu dweud 'Cymru'.

(iv) Am ei fod e'n enw hawdd i weiddi allan mewn gêm rygbi.

4. Pwy oedd yn gallu siarad Cymraeg yn yr Oesoedd Canol?

   (i) Pawb ond pobl y de (yn ôl y gogleddwyr).

  (ii) Pawb ond pobl y gogledd (yn ôl pobl y de).

(iii) Bron pawb, a hyd yn oed pobl yn byw dros y ffin yn Lloegr – yn siroedd Amwythig a Henffordd.

Atebion
1(iii), 2(ii),
3(ii), 4(iii).

Mae athrawon Hanes bob amser yn rhygnu ymlaen am ddyddiadau ac yn rhoi profion i weld a ydych chi'n gallu eu cofio. Wrth gwrs, mae hi'n bwysig gwybod pwy oedd yn dilyn pwy, achos dyw Hanes ddim yn gwneud llawer o synnwyr yn mynd am yn ôl. Fyddai hi ddim yn bosibl i berson farw cyn iddo fe fyw, fyddai hi? Felly dyma i chi linell amser:

Y CYMRY

1063/4

Gruffudd ap Llywelyn, Brenin Cymru gyfan, yn cael ei lofruddio gan ei ddynion ei hunan. Ei ben e a blaenddelw ei long yn cael eu hanfon at Edward y Cyffeswr, Brenin Lloegr – jyst i brofi'r pwynt.

1081

Brwydr Mynydd Carn – Cymry yn ymladd yn erbyn Cymry:

Gruffudd ap Cynan o Wynedd a Rhys ap Tewdwr o'r Deheubarth yn trechu Trahaearn ap Caradog a thywysogion Cymreig eraill. Un o filwyr Gruffudd yn sleisio corff Trahaearn i fyny fel sleisio cig moch.

> Hoffech chi'r bacwn yn fwy tenau f'Arglwydd?

Pwy sy angen gelynion pan mae ffrindiau fel hyn gyda chi?

Y NORMANIAID

1066 ymlaen

Gwilym y Concwerwr o Normandi yn trechu'r Saeson ym mrwydr Hastings. O fewn dim ond ugain mlynedd roedd y Normaniaid wedi concro Lloegr i gyd.
Nawr am Gymru . . .

1070 ymlaen

Gwilym I yn rhoi tir ar y ffin â Chymru i dri barwn barus a brawychus:

Hugh Fras (hynny yw, tew iawn) – Iarll Caer yn y gogledd;

Roger Montgomery – Iarll Amwythig yn y canol;

William Fitzosbern – Iarll Henffordd yn y de,

a gadael iddyn nhw a'u teuluoedd trachwantus fynd ati i goncro Cymru.

Y CYMRY	**Y NORMANIAID**

1093

Rhys ap Tewdwr, Brenin Deheubarth, yn cael ei ladd mewn brwydr yn erbyn y Normaniaid. Neb i rwystro'r Normaniaid rhag llifo i mewn i dde Cymru nawr. Merch Rhys, Nest, yn priodi barwn Normanaidd, Gerald de Windsor (dim perthynas i Charles Windsor – y Prins).

1110

Brenin Lloegr, Harri I, yn gwahodd Ffleminiaid o'r Iseldiroedd i ffermio tir ffrwythlon de Penfro. Symud y Cymry i fyny i'r mynyddoedd, o'r ffordd, i fyw.

Ac felly sefydlu '*Little England beyond Wales*' – draenen yn ystlys y Cymry.

1165

Harri II yn penderfynu setlo'r Cymry haerllug unwaith ac am byth. Dod â byddin enfawr o Loegr a llynges o Ddulyn i ymosod ar y Cymry cythryblus. Owain Gwynedd (tywysog o ble, tybed?), yr Arglwydd Rhys (tywysog Deheubarth) ac Owain Cyfeiliog (tywysog Powys) yn cytuno i gydweithio (o'r diwedd) i gael un byddin fawr i amddiffyn Cymru.

Byddin Harri yn ceisio croesi mynyddoedd y Berwyn i gwrdd â byddin y Cymry. Ond storm enbyd o law a gwynt yn gyrru byddin y Saeson nôl i Loegr. Dim brwydr, felly, a buddugoliaeth i'r Cymry – neu yn hytrach, i'r tywydd. (Gwers – peidiwch â chwyno am dywydd diflas Cymru byth eto.)

1197

Yr Arglwydd Rhys, Tywysog Deheubarth, yn marw yn ei wely ar ôl blynyddoedd yn ymladd yn erbyn brenin Lloegr a'i feibion ei hunan. Plant Rhys – roedd tua 18 o leia ohonyn nhw – yn ymladd yn erbyn ei gilydd nawr (ac yn erbyn pawb arall) ac yn dinistrio holl waith da Rhys yn y Deheubarth.

1209–10

Y Brenin John yn ymosod ar Wynedd ddwywaith. Llywelyn ab Iorwerth (Llywelyn Fawr), yn symud pobl ac anifeiliaid Gwynedd i fyny i guddio ym mynyddoedd Eryri.

Welith y gelyn byth mohonon ni fyny fan hyn!

Llywelyn mewn trafferthion mawr ac yn anfon ei wraig, Siwan (merch y Brenin John) i fegian am heddwch ar ei ran. (Diolch, Siwan!)

1216–1240

Llywelyn Fawr yn galw ei hun yn 'Tywysog Aberffraw ac Arglwydd Eryri'. Yn anffodus er hynny, roedd ei ddau fab – Dafydd a Gruffudd – eisiau'r teitlau a'r job ar ei ôl e. (Pam na allai un fod yn Dywysog Aberffraw a'r llall yn Arglwydd Eryri?)

Ffrae deuluol arall, felly, wedi i Llywelyn farw yn 1240.

1212–15

Y Brenin John yn ymladd yn erbyn barwniaid Normanaidd Lloegr, y Ffrancwyr yn Normandi a thywysogion Cymru – i gyd ar yr un pryd.

John yn cael ei orfodi i arwyddo'r Magna Carta – Y Siarter Fawr – yn cydnabod statws a thiroedd Llywelyn Fawr yng Nghymru. (Sori, John.)

Y CYMRY	Y NORMANIAID

1267

Parti mawr ar lan yr afon Hafren yn Nhrefaldwyn a Llywelyn ap Gruffudd, ar ôl llawer o ymladd, yn cael ei gydnabod gan y Brenin Harri III yn Dywysog Cymru gyfan.

Ond byddai e'n gorfod talu'r swm o 25,000 morc (lot fawr o arian) i Harri am y teitl.

1272

Pethau'n newid pan mae Edward I yn dod yn Frenin Lloegr. Doedd Edward ddim yn ffan mawr o Gymru na Llywelyn a doedd Llywelyn ddim yn ffan mawr o Edward.

Yn anffodus mae digon o filwyr (llawer ohonyn nhw o Gymru), arfau ac arian gan Edward I i orchfygu Llywelyn am byth.

1282

Llywelyn II, ein Llyw Olaf, yn cael ei lofruddio gan filwr o Sais, ar lan yr afon Irfon yng Nghilmeri.

Ei ben e'n cael ei dorri i ffwrdd a'i gario o gwmpas strydoedd Llundain.

Rhybudd bach neis arall i'r Cymry – 'dyw gwrthryfela *ddim* yn talu, bois!

1283–4

Edward yn mynd ar orymdaith bwysig iawn o gwmpas Cymru i gyd – i brofi mai fe sy'n rheoli llawer o'r wlad nawr. Y barwniaid Normanaidd sy'n rheoli'r gweddill.

1301

Dyma fe, Tywysog Cymru.

Hy! Bydd e'
wych yn ymla
dros Gymr

Mab bach Edward I yn cael ei arwisgo yn 'Dywysog Cymru' yng nghastell Caernarfon. (Dyna garedig ontefe?)

1349

Y Pla Du yn cyrraedd Cymru i godi calonnau pawb, heblaw yr 1/3 o'r boblogaeth oedd wedi marw ohono fe, wrth gwrs.

Pawb yn ddiflas – ofn cestyll y Saeson, casáu trefi'r Saeson a dim swyddi i Gymry.

Yn ôl un bardd roedd y Cymry 'fel brain wedi meddwi' o gwmpas y lle. (Ydych *chi* wedi gweld brain wedi meddwi?)

Iechyd da! Hic!

1400–15

Gwrthryfel Owain Glyndŵr
Llawer o ladd a llosgi – Owain yn llosgi Caerdydd a Chasnewydd; Harri, Tywysog Cymru (o Loegr) yn llosgi cartre Owain yn Sycharth yn ulw.

Toriad bach yn 1404 i goroni Owain yn Dywysog Cymru (Ha ha Harri!) – ym Machynlleth.

Tua'r diwedd, Owain yn diflannu – i fyw gyda'i ferch – yn Lloegr!

1343 ymlaen

Tywysog Cymru (o Loegr) yn ecsploitio Cymru gyda threthi uchel, swyddogion sarhaus a miloedd o'r dynion yn gorfod ymuno â byddin Lloegr i ymladd yn Ffrainc – ym mrwydrau Crécy a Poitiers.

Un o brif swyddogion y Tywysog yn cael ei lofruddio gan Gymry pwysig yn ymyl Caernarfon. Does dim rhyfedd fod y Tywysog yma yn cael ei alw 'Y Tywysog Du'. Ddaeth e ddim i Gymru erioed, er mai fe oedd Tywysog Cymru!

15fed ganrif

Rhyfel y Rhosynnau
Teulu Lancastr (y rhosyn coch) yn ymladd yn erbyn Teulu York (y rhosyn gwyn).

Y Cymry'n cefnogi'r rhosyn gwyn, yna'r rhosyn coch, yna'r rhosyn gwyn, yna . . . tan i Harri Tudur (o deulu Lancastr a'r rhosyn coch) ddod draw o Lydaw i ymladd Brwydr Bosworth ac ennill a phriodi rhosyn gwyn.

> Dw i'n dy gymryd di yn rhosyn . . .

Pawb, bron, yn hapus nawr – gyda Chymro (wel, chwarter un 'ta beth) yn Frenin ar Loegr a Chymru.

Mab Harri, sef Harri'r VIII, yn uno Cymru a Lloegr yn swyddogol yn 1536.

Cwestiwn cecrus a chlyfar i orffen:

Sawl blwyddyn gymerodd hi i'r Normaniaid goncro'r Saeson? (Ateb: 20 mlynedd.)

Sawl blwyddyn gymerodd hi i'r Normaniaid (a'r Saeson) goncro Cymru?

Ateb: Tua 466 o flynyddoedd.

Arweinwyr Arwrol neu Arweinwyr Anobeithiol?

Yn Llocgr yn yr Oesoedd Canol (y rhan fwya o'r amser, beth bynnag) UN brenin oedd yn rheoli. Ond yng Nghymru roedd gan bob ardal – y Deheubarth (gwlad y de-orllewin), Gwynedd, Powys, Morgannwg, Brycheiniog a sawl man arall – eu teulu brenhinol eu hunain. Y broblem fawr oedd fod pob tywysog eisiau bod yn GEFFYL BLAEN ac ambell un eisiau rheoli Cymru i gyd.

Felly roedd llawer o ymladd – brawd yn erbyn brawd, ardal yn erbyn ardal – heb sôn am ymladd yn erbyn y Normaniaid a Brenin Lloegr.

Byddai dilyn hanesion pob un o'r tywysogion hyn yn ddiflas tu hwnt (dyna waith haneswyr diflas mewn llyfrau hanes hyll). Felly dyma bytiau bach blasus am ambell arweinydd arwrol ac ambell un anobeithiol.

Pwy oedd Pwy:
Ambell Limrig Liwgar

Gruffudd ap Llywelyn (marw 1063/4)

Roedd Gruffudd ap Llywelyn yn Frenin,
Nid tywysog neu arglwydd cyffredin,
　　Ond cas ei lofruddio,
　　A beth wnaeth ei wraig o?
Ond priodi Brenin Lloegr yn sydyn.*

---

* Edith, merch Aelfgar o Mercia, oedd gwraig Gruffudd ac ar ôl iddo fe farw priododd Edith elyn Gruffudd, sef Harold, Brenin Lloegr. Buodd Edith, felly, yn Frenhines ar Gymru ac yn Frenhines ar Loegr.

Yr Arglwydd Rhys ap Gruffudd
(c. 1130–1197)

Roedd Rhys yn arglwydd mor ddawnus,
Mewn brwydr nid ydoedd yn nerfus,
    Ond pan ddaeth yr alwad
    I ymuno â'r Groesgad,
Ei wraig oedd yn gwisgo y trowsus!*

Llywelyn Fawr / Llywelyn ab Iorwerth
(c.1173–1240)

Roedd Llywelyn y Cynta'n ddyn anferth,
Ond gyda Siwan, ei wraig, cafodd drafferth,
    Daliodd hi yn y gwely
    Gyda William – gŵr lysti,
Dyna sioc i Llywelyn ab Iorwerth!**

---

* Pan ofynnodd yr Archesgob Baldwin i Rhys ymuno â'r Groesgad i
ymladd yn Jeriwsalem yn 1188 doedd gwraig Rhys, Gwenllïan,
ddim yn fodlon iddo fynd! (Mae meistr ar Mr Mostyn!)
** Cewch ragor am hyn yn 'Llygad am lygad'.

Llywelyn ap Gruffudd, ein Llyw Ola (c. 1225–1282)

Aeth Llywelyn yr Ail yn ei dwpdra
I siarad â'i elyn yn 'smala,
    Ond lawr yng Nghilmeri
    Torrwyd ei ben yn go handi,
A 'na ddiwedd Llywelyn Llyw Ola!*

Owain Glyndŵr (tua 1354–tua 1415/6)

Roedd Glyndŵr yn fachan go deidi,
Trefnodd Senedd a phrifysgol i Gymru,
    Ond nawr maen nhw'n honni
    Ei fod mewn ogof yn cysgu,
Gobeithio deffrith e ryw ddiwrnod i'n helpu!**

PWY OEDD PWY:
RHAGOR O'U HANESION HYLL

Gruffudd ap Llywelyn

Slebog diog oedd Gruffudd pan oedd e'n ifanc, yn gorweddian gartre yn lle bod allan yn lladd a llofruddio fel pob tywysog da. Ond un Nos Galan anfonodd ei chwaer e allan o'r llys ac i lawr i'r gegin o'r ffordd. Yno, clywodd Gruffudd y cogydd yn disgrifio'r cawl oedd yn berwi yn y crochan:

---

* Cewch ragor am hyn dan 'Pwy laddodd e 'te?'
** Cewch ragor o'i hanes dan 'Gwrthryfel Glyndŵr'

Cogydd: Dyna beth od! Mae un darn o gig yn mynnu dod i dop y crochan drwy'r amser, er mod i'n ei wthio fe i lawr.

Aha! Fi yw'r darn cig yna – dwi'n mynd i godi i fyny (fel y darn cig) a dod yn Frenin ar Gymru i gyd.

Ac fe wnaeth! Roedd e'n frenin creulon a llwyddiannus iawn, nes iddo fe golli'i ben. (Felly mae gobaith i chi – os ydych chi'n slebog diog ar hyn o bryd.)

Mae hanes hyll arall am Gruffudd – yn mynd i gwrdd ag Edward y Cyffeswr, Brenin Lloegr, ar lan yr afon Hafren. Roedd Gruffudd un ochr i'r afon ac Edward ar yr ochr arall a dim un ohonyn nhw'n fodlon bod y cyntaf i groesi. O'r diwedd neidiodd Edward i'r cwch fferi i groesi at Gruffudd. Yna neidiodd Gruffudd i'r dŵr, nofio at y cwch a chariodd e Edward ar ei ysgwyddau i'r lan. (Annwyl yntê?)

Yr Arglwydd Rhys: Tywysog Deheubarth

Cafodd Rhys y lwc rhyfedda pan oedd e'n ifanc. Bu Gwenllïan a Gruffudd (ei fam a'i dad) a phob un o'i frodyr e farw a dim ond Rhys oedd ar ôl o'r teulu i fod yn Dywysog ar y Deheubarth. (Os ydych chi'n dywysog mae hynna'n lwcus). Daeth Rhys yn arglwydd cyfoethog iawn.

> *Yn y flwyddyn 2000 cyhoeddodd papur newydd y* **Sunday Times** *restr o'r bobl mwya cyfoethog ym Mhrydain ers 1066. Yr Arglwydd Rhys oedd yr unig dywysog Cymreig ar y rhestr ac roedd e'n 95ed allan o 200 o bobl. Roedd e'n werth £4.3 biliwn yn ein harian ni heddiw. (Person mwya cyfoethog Prydain heddiw yw Roman Abramovich, perchennog clwb pêl-droed Chelsea, ac mae e'n werth £7.5 biliwn).*

Ond problem fawr Rhys oedd ei blant (bydd eich rhieni yn gallu cydymdeimlo ag e). Roedd llawer o feibion gydag e a phob un eisiau ei dir a'i gestyll e ar ôl iddo fe farw.

Yn ôl Cyfraith Cymru roedd yn rhaid rhannu'r tir yn gyfartal rhwng y meibion i gyd (DIM TIR i'r merched, wrth gwrs) – syniad call a theg iawn gallech chi feddwl; OND . . .

Yn ôl Cyfraith Lloegr y mab hyna oedd yn etifeddu'r tir i gyd – cwbl annheg ond llawer mwy syml.

Teg iawn, ond hoffen i fwy,

Ond beth amdanon ni?

Cyn iddo fe farw yn 1197 roedd Rhys wedi bod yn dwyn ceffylau Esgob Tyddewi ac roedd yr Esgob wedi'i dorri e allan o'r eglwys. Ond os oedd rhywun wedi cael ei dorri allan o'r eglwys allai e ddim cael ei gladdu fel Cristion. Dyna argyfwng i deulu Rhys!

Ond fe ddacthon nhw dros y broblem trwy chwipio corff noeth yr Arglwydd Rhys i ddangos fod yn ddrwg ganddo fe am ddwyn y ceffylau.

Gorchestion Gwynedd

Ar ôl i feibion yr Arglwydd Rhys ddinistrio
Deheubarth, tywysogion Gwynedd oedd ar y blaen.
Ac roedden nhw eisiau rheoli Cymru i gyd, nid dim
ond Gwynedd yn unig. A dyna beth ddigwyddodd dan
y ddau LLYWELYN.

Ond, mae hyd yn oed athrawon Hanes yn methu cofio'r
gwahaniaeth rhwng y ddau Llywelyn. Dyma rai cliwiau
call i'ch helpu chi i wneud yn well na'ch athrawon
anwybodus.

Trueni nad yw haneswyr Cymru yn defnyddio rhifau i
nodi brenhinoedd fel maen nhw yn hanes Lloegr – o
Harri I i Harri VIII – neu yn yr Alban – o James I i
James VI. Ond efallai fod DAU Llywelyn yn hen ddigon.

LLYWELYN I	LLYWELYN II
Enw llawn: Llywelyn ab Iorwerth	**Enw llawn**: Llywelyn ap Gruffudd
Dyddiadau: tua 1173–1240	**Dyddiadau**: tua 1225–1282
Enwau eraill: Llywelyn Fawr, Tywysog Aberffraw ac Arglwydd Eryri	**Enwau eraill**: Llywelyn ein Llyw Olaf, Tywysog Cymru, Eryr Eryri
Cartref: Aberffraw, Ynys Môn	**Cartref**: Abergwyngregyn, ger Bangor
Gwraig: Siwan (merch John, Brenin Lloegr) a Tangwystl – Cymraes	**Gwraig**: Elinor de Montfort (cyfnither i Edward I)
Plant: Gruffudd a Dafydd; Gwladus, Marged ac Elen a . . .	**Plant**: Gwenllïan
Perthynas â Llywelyn II: taid	**Perthynas â Llywelyn I**: ŵyr
Marw: yn ei wely	**Marw**: el lofruddio yng Nghilmeri

Roedd Gerallt Gymro wedi rhybuddio'r Cymry:

> Dylai'r Cymry uno o dan UN tywysog a hwnnw'n un da. Dwi wedi dweud wrthyn nhw.

A nawr, yn y drydedd ganrif ar ddeg, cafodd y Cymry DDAU arweinydd da – y ddau Llywelyn – ar ôl ei gilydd – tan i Llywelyn II gael ei lofruddio yn 1282.

Uchelfannau ac iselfannau bywydau'r ddau Llywelyn

UCHELFAN 1

Er mai fi yw'r Tywys-**gog**, dwi eisiau rheoli Cymru i gyd.

Llwyddodd Llywelyn I i berswadio (neu i orfodi?) y tywysogion Cymreig eraill ym Mhowys a Deheubarth i dderbyn mai fe oedd PRIF dywysog Cymru. Llywelyn, wedyn, oedd yn mynd at Frenin Lloegr i siarad ar ran y Cymry i gyd.

ISELFAN 1

Ond roedd gan Llywelyn ddau fab – Gruffudd, mab Tangwystl, y Gymraes, a Dafydd, mab Siwan, merch Brenin Lloegr. Roedd Gruffudd yn wyllt a therfysglyd iawn (wel, roedd e wedi bod mewn ac allan o'r carchar yn wystl, druan) ac felly penderfynodd Llywelyn dorri Cyfraith Cymru (er mai fe oedd y tywysog!). Yn lle rhannu popeth yn gyfartal rhwng ei ddau fab, dewisodd e Dafydd i fod yn unig etifedd iddo fe.

ISELFAN 2

Bu Llywelyn I farw yn 1240 – nawr, dyma Dafydd a Gruffudd yn dechrau ymladd.

Bu Gruffudd farw yn 1244 mewn ffordd drist iawn.

Roedd e, Senena ei wraig ac Owain Goch ei fab, yn y carchar yn Nhŵr Llundain yn 1244.

Bu Dafydd farw yn 1246. Ond fel 'Tywysog Cymru' ymladdodd e'n ddewr yn erbyn Harri III, Brenin Lloegr.

Ysgrifennodd un o filwyr Harri adre pan oedd e'n ymladd yn erbyn byddin Dafydd yng ngogledd Cymru:

Deganwy
Gwynedd

gaeaf oer iawn 1245

Annwyl Mam a Dad,

Gobeithio eich bod chi'n iawn. Rwy'n sobor o ddiflas. Ry'n ni'n gorfod gwylio'r Cymry trwy'r amser rhag ofn iddyn nhw ymosod arnon ni ganol nos. Ry'n ni bron â llwgu — mae torth o fara yn costio PUM ceiniog (hanner ceiniog yw hi fel arfer fan hyn) ac ry'n ni'n oer ofnadwy a bron yn noeth achos ry'n ni'n cysgu allan mewn pebyll a does dim dillad gaea gyda ni.

Cyrhaeddodd llong yn cario 60 casgen o win o Iwerddon ddoe ond cafodd hi'i thaflu ar y tywod ar ochr y Cymry. Buon ni'n ymladd am y llong am 24 awr ond y Cymry enillodd. Maen nhw wedi cael parti gwych siŵr o fod!

Rwy'n gweddïo y ca i ddod adre o'r lle atgas yma yn fuan.

eich mab oer a diflas iawn
Robert

Dylen i fod wedi pacio trôns cynnes.

UCHELFAN 2

Doedd dim plant gan Dafydd, ac felly plant Gruffudd,
ei hanner brawd, oedd yn rheoli Gwynedd nawr.
Taflodd Llywelyn II ei frawd hyna, Owain Goch, i
garchar a'i adael e yno am 22 mlynedd.
(Peth mawr yw cariad brawdol!)

UCHELFAN 3

Blwyddyn fawr ('annus mirabilis' – term Lladin
crachaidd) Llywelyn II oedd 1267. Cytunodd Harri III
mai Llywelyn oedd Tywysog Cymru (yr unig dro i
Frenin Lloegr gydnabod bod Tywysog gan Gymru).
Roedd Llywelyn mor boblogaidd nawr, roedd dynion
yn ei ddilyn e fel tasen nhw wedi'u gludo wrtho fe.

Mae'r Siwpyrglud 'ma'n gweithio'n ardderchog!

Mae sawl un yn meddwl efallai y byddai'n braf tasai Llywelyn wedi marw rhwng 1267 a 1272, achos ar ôl cyrraedd top y goeden dim ond un ffordd sydd i fynd – sef am i lawr.

ISELFAN 4

Aeth llawer o bethau o'i le i Llywelyn II o 1272 ymlaen.

1. **Cynllwyn Cyffrous**

   Y bradwyr brwnt:
   Dafydd (brawd Llywelyn)
   Gruffudd ap Gwenwynwyn, Tywysog Powys
   Hawys, Tywysoges Powys,
   eu mab Owain

   Y Cynllwyn:
   Lladd Llywelyn II a gwneud Dafydd yn Dywysog Cymru. Yna byddai merch Dafydd yn priodi Owain o Bowys ac yn uno Gwynedd a Phowys.

   (Wrth gwrs doedd gan bobl Powys a Gwynedd ddim dewis yn y mater o gwbl.)

   Pryd?:
   Chwefror 2, 1274

   Beth aeth o'i le?:
   Tywydd gwael (eto!)

   Daliodd Llywelyn Gruffudd ap Gwenwynwyn a'i garcharu.

Cafodd Gruffudd bardwn gan Llywelyn ond roedd yn rhaid iddo roi Owain ei fab yn wystl.

Cyffesodd Owain yr holl gynllwyn hyll.

O'r gorau, fe ddweda i bopeth . . .

Roedd Dafydd wedi ffoi i Lundain yn barod. Nawr ymunodd Gruffudd o Bowys ag e yn llys y Brenin Edward I.

2. Gwrthododd Llywelyn II fynd i seremoni goroni Edward yn Frenin Lloegr. (Gwarthus!)

3. Gwrthododd Llywelyn fynd i lys y brenin i dderbyn Edward fel ei arglwydd BUMP gwaith. (Roedd gelynion Llywelyn – ei frawd a thywysog Powys – yn cuddio yno, felly ydych chi'n synnu fod Llywelyn wedi gwrthod mynd yno?)

Dyma pam mae rhai haneswyr hyll (Seisnig yn benna) wedi dweud:

Trodd Llywelyn o fod yn arweinydd ardderchog i fod yn arweinydd anobeithiol – yn berson penstiff a mawreddog.

Ond mae haneswyr hagr eraill (Cymry'n benna) yn dweud fod Edward I wedi penderfynu concro Cymru (a'r Alban hefyd) unwaith ac am byth, beth bynnag.

ISELFAN 5

Edward enillodd yn y PEN-draw – cafodd e ben Llywelyn ar blât yn 1282.

Ond pwy laddodd Llywelyn II 'te? –

Stori dditectif ddifrifol

Pwy laddodd e? – dyna'r cwestiwn roedd pawb yn ei ofyn pan gafodd Llywelyn II, Llywelyn ein Llyw Ola, ei ladd yng Nghilmeri ar ddydd Gwener (diwrnod anlwcus – yn enwedig i Llywelyn), Rhagfyr 11, 1282.

Ond doedd dim ditectifs i gael bryd hynny i gael hyd i enw'r llofrudd. A dweud y gwir doedd dim angen ditectif o gwbl, achos roedd pawb eisiau'r clod am ladd Tywysog Cymru.

Ac mae haneswyr yn dal i ddadlau a chweryla am beth yn union ddigwyddodd draw yng Nghilmeri.

Dyma ddatganiadau y rhai sy'n dweud mai nhw laddodd Llywelyn II:

1. STEPHEN DE FRANKTON

Ro'n i yna. Ro'n i lawr wrth Bont Irfon ger Cilmeri a FI laddodd e. Fe weles i'r milwyr Cymreig yn amddiffyn y bont. Roedd y Cymry ar un ochr i'r afon a'r Saeson ar yr ochr arall. Yn sydyn sylwes i ar grŵp bach o filwyr Cymreig ac fe es i â milwyr ar eu hôl nhw. Dalion ni nhw ac anafon ni ddau â'n picelli. Gadawon ni'r ddau yn gorwedd fan hynny a mynd nôl i ymladd. Cyn bo hir dechreuodd y Cymry ffoi a chofies i am y ddau filwr oedd wedi'u hanafu. Ac yna fe sylweddoles i pwy oedden nhw – Llywelyn ap Gruffudd a'i was. Dyna lwc! Torres i ben Llywelyn i ffwrdd a'i anfon e at Edward, Brenin Lloegr. FI – milwr bach cyffredin – laddodd y Tywysog. (Rwy'n haeddu gwobr am hyn.)

2. YR ARGLWYDD ROGER MORTIMER

Wrth gwrs, fel arglwydd pwysig iawn wnes i ddim lladd Llywelyn gyda nwylo i fy hunan. Ond FI oedd wedi trefnu'r cyfan. Fi oedd wedi denu Llywelyn lawr i Gilmeri gan esgus mod i'n barod i gydweithio gydag e ac ymladd yn erbyn y Brenin Edward I. Tric clyfar tu hwnt. Roedd Llywelyn yn barod i wrando arna i achos ry'n ni'n perthyn. (Roedd mam-gu yn chwaer i dad Llywelyn!) Fi hefyd, gyda help Normaniaid fel Roger L'Estrange, oedd wedi casglu'r fyddin fawr i ymladd yn erbyn y Cymry. Trwy'r tric chwareais i arno fe cafodd Llywelyn ei ddal a thorrwyd ei ben i ffwrdd. FI, Roger Mortimer, ddylai gael y clod a FI ddylai gael y wobr.

3. **SYR ROBERT BODY**

Yn ystod y frwydr fawr yng Nghilmeri roedd fy Arglwydd Roger L'Estrange wedi bod yn gwylio lle roedd Llywelyn a'i filwyr yn cuddio. Pan ddaethon nhw allan neidiodd L'Estrange arnyn nhw a'u dal. Gan mai gen i roedd y cleddyf mwya miniog, FI, Syr Robert Body, gafodd y dasg bleserus o dorri pen Llywelyn i ffwrdd. Wna i byth anghofio'r wefr o gael setlo'r sgôr gyda Llywelyn II.

4. **CYMRY LLEOL**

Mae rhai yn dweud mai NI'r Cymry oedd wedi bradychu Llywelyn, ein tywysog. Roedd Madog, gof Cilmeri, wedi pedoli ceffyl Llywelyn am yn ôl er mwyn twyllo'r Saeson fod Llywelyn yn marchogaeth y ffordd arall. Ond cafodd Madog ei ddal a'i boenydio ac fe ddwedodd e wrth y gelyn ble roedd Llywelyn yn cuddio – medden nhw. Ond does neb yn siŵr beth ddigwyddodd a dydyn NI'R Cymry ddim eisiau'r clod.

Ydych chi'n dal yn gymysglyd am beth ddigwyddodd?

Rhai ffeithiau ffiaidd i'ch helpu:

a. Mae sawl fersiwn yn dweud fod Llywelyn wedi cael ei fradychu, efallai gan y Cymry neu gan un o'i deulu – ac roedd Roger Mortimer yn perthyn iddo.

b. Mae sawl fersiwn yn sôn am frwydr fawr iawn yn ardal Cilmeri. Rocdden nhw'n dweud fod dros 150 o farchogion a 3000 o filwyr traed y Cymry wedi cael eu lladd a dim un o Fyddin Lloegr. Ydych chi'n gallu credu hynna?

c. Roedd Stephen de Frankton a Syr Robert Body yn filwyr yn gweithio i'r Arglwydd Roger L'Estrange.

ch. Mae sawl fersiwn yn sôn am dorri pen Llywelyn i ffwrdd yn y fan a'r lle. Cafodd y pen ei anfon at Edward I yn Rhuddlan ac yna i Lundain. Cafodd ei wisgo â choron o eiddew (i gael hwyl am ei ben!) ei gario ar bolyn trwy strydoedd Llundain ac yna'i adael i bydru yn y gwynt a'r glaw am flynyddoedd yn hongian wrth y Tŵr yn Llundain. Daeth pobl Llundain i gyd allan i'r strydoedd i ddathlu diwedd dychrynllyd Tywysog Cymru.

Ac fel hyn roedd clerc Edward I yn clochdar yn 1283:

Gogoniant i Dduw
. . . buddugoliaeth i Edward,
a diwedd i'r Cymry am byth.
Daeth y newyddion da i'n clustiau
fod yr hen sarff Llywelyn a fu
unwaith yn Dywysog Cymru, tad
pob twyll, plentyn gwrthryfel . . .
a phennaeth pob drygioni, wedi
cael ei drechu ar faes
y frwydr . . .

(Hwrê! − Pawb yn hapus, felly, Edward?!)

Ac yn Goron warthus ar y cyfan . . .

Gan nad oedd pen gan Llywelyn nawr penderfynodd
Edward na fyddai angen ei goron arno chwaith. Felly
cymerodd Edward y goron a'i rhoi i Abaty Westminster
yn Llundain. Ar yr un pryd fe aeth e â Choron y Brenin
Arthur a sêl Llywelyn o Gymru a'u toddi nhw i wneud
cwpan smart iawn i Abaty'r Fâl.

Ond y peth mwya gwerthfawr y cafodd Edward ei
fachau arno oedd y darn o'r Groes y cafodd Iesu Grist ei
groeshoelio arni ac a oedd yn annwyl iawn i'r Cymry.
Wrth gwrs, does neb yn gwybod ai dyma'r Groes iawn −
ond pa ots? Roedd Cymry'r Oesoedd Canol yn credu

hynny. I ddiflasu'r Cymry fwy fyth fe gafodd y Groes ei chario o gwmpas Llundain â'r Brenin Edward, y Frenhines, Archesgob Caergaint, 14 esgob ac arglwyddi pwysig eraill i gyd yn cerdded yn yr orymdaith.

Ond ble mae'r Goron a'r Groes nawr? Oes unrhyw un yn gwybod? (Ac a allwn ni'u cael nhw'n ôl plîs?)

PLANT PERYGLUS A PHATHETIG

Roedd ofn plant ar y brenin cryf a chreulon Edward I. Neu o leia roedd ofn plant Llywelyn a Dafydd, tywysogion ola Cymru, arno fe. Roedd e'n ofni y byddai'r Cymry haerllug yn trio'u cipio nhw a hawlio mai un ohonyn nhw oedd arweinydd iawn Cymru (meddyliwch am y fath beth!).

Yn ffodus i Edward I, dim ond un ferch oedd gan Llywelyn – ond yn anffodus iddo fe roedd naw o blant gan Dafydd. Felly fe wnaeth Edward yn siŵr na fyddai dim un ohonyn nhw yn gallu'i herio fe yng Nghymru fyth eto.

Tywysogesau trasig

Gwenllïan, merch Llywelyn ein Llyw Olaf

Gwenllïan oedd unig ferch Llywelyn ein Llyw Olaf. Buodd ei mam hi, Elinor de Montfort, farw ar ei genedigaeth hi a phan oedd hi tua chwe mis oed cafodd ei thad, Llywelyn, ei lofruddio. Gallech chi feddwl fod hynna'n ddigon o anlwc i fabi bach. Ond na. Nawr,

Edward atgas oedd ei thad newydd. Ac roedd yn gas ganddo fe'r dywysoges drasig yma. Fe anfonodd e hi i fyw fel lleian yn Sempringham, sir Lincoln, ym mhen draw Lloegr. Clyfar iawn, Edward – achos dyw lleianod ddim yn cael priodi a chael plant. A dyna ddiwedd ar linach Llywelyn II unwaith ac am byth. Roedd Edward yn fodlon talu £20 y flwyddyn (roedd hwn yn swm mawr iawn yn 1282) i bennaeth y lleiandy i'w chadw hi yno. Doedd y lleianod eraill ddim yn gallu dweud ei henw Cymraeg hi'n iawn ac roedden nhw yn ei galw hi yn 'Wenciliane'. Wnaeth Gwenllïan druan fach ddim dianc o'i charchar yn Sempringham. Bu hi farw yno yn 53 mlwydd oed yn 1337. Tybed pam na wnaeth y Cymry ei hachub hi?

Gwladus merch Dafydd ap Gruffudd (brawd Llywelyn)

Mae sôn fod saith o ferched gan Dafydd. Anfonodd Edward I y rhain i gyd i fyw mewn lleiandy arall – ddim yn bell o ble roedd Gwenllïan – yn Sixhills, sir Gaerlŷr. Doedd dim gobaith caneri ganddyn nhw i ddianc na chael plant. Roedd Edward wrth ei fodd ac yn credu iddo fod yn gyfrwys iawn. 'Dyn ni ddim yn gwybod hanes y merched bach yma, heblaw am Gwladus. Bu hi farw flwyddyn o flaen ei chyfnither Gwenllïan, yn 1336. Tybed oedden nhw'n 'nabod ei gilydd?

Tywysogion trasig iawn

Mae hanes bywydau dau fab Dafydd – y tywysogion truenus Llywelyn ac Owain – hyd yn oed yn fwy trasig. Roedden nhw'n blant peryglus iawn, yn ôl Edward I.

Felly, anfonodd e nhw ar unwaith i garchar yng nghastell Bryste. A'u gadael nhw yno i bydru am byth. Os byddai Owain wedi cael cadw dyddiadur yn ei garchar tywyll a diflas, dyma rai o'r pethau y byddai e wedi'u hysgrifennu am ei fywyd pathetig a thrist.

1287

Fi, Owain ap Dafydd, mab Tywysog olaf Cymru, sy'n ysgrifennu. Mae heddiw wedi bod yn ddiwrnod trist iawn, iawn. Mae Llywelyn bach wedi marw. Roedd e wedi colli cymaint o bwysau achos doedd e ddim yn cael digon o fwyd yn y carchar creulon yma. Fe gafodd e salwch ofnadwy a nawr mae e wedi marw. Sut alla i roi gwybod i Gwladus fy chwaer a'r merched eraill? Dwi ddim yn gwybod ble maen nhw hyd yn oed. Dwi mor unig nawr. Dwi'n meddwl y gwna i drio dianc o'r carchar 'ma. Bydda i'n ddeg oed fory.

HYDREF 20 1305 –

Mae pethau'n mynd o ddrwg i waeth yma. Dwi yn y carchar creulon yma ers dros ugain mlynedd. Nes i drio dianc sawl gwaith. Hoffwn i godi gwrthryfel yn erbyn Brenin Lloegr a'i yrru e a'i filwyr allan o Wynedd a Chymru am byth. Ond does dim gobaith nawr. Mae Edward wedi clywed mod i wedi trio dianc ac mae e wedi gorchymyn i fi gael fy nghloi mewn cawell bob nos. Dwi'n teimlo fel anifail gwyllt.

Nai y Llyw Ola
nid y Llew Ola ydw i.

1307 – HwRÊ! MAE'R BRENIN EDWARD I WEDI MARW
O'R DIWEDD. A NAWR MAE EI FAB GWAN E, EDWARD
II, YN FRENIN LLOEGR. FALLE Y BYDD EN FWY
CAREDIG WRTHO I. FALLE CA I FYND YN RHYDD. FALLE
CA I FYND NÔL I WYNEDD. FALLE BYDDA I'N DYWYSOG
CYMRU WEDI'R CYFAN.

1315 – MAE'N DDIFLAS OFNADWY YN Y CARCHAR YMA.
DWI MOR OER DRWY'R AMSER A DWI BRON Â LLWGU.
DWI WEDI PENDERFYNU ANFON LLYTHYR I GWYNO AM Y
CWNSTABL CAS SY'N GOFALU AMDANA I.

Y CARCHAR
CASTELL BRYSTE

ANNWYL WNCWL EDWARD,
LLONGYFARCHIADAU AR CHWARE TRIC MOR GLYFAR I
DDAL WILLIAM WALLACE, ARWEINYDD ATGAS YR
ALBAN, YN DDIWEDDAR. (MAE TIPYN BACH O SEBONI

BOB AMSER YN HELP PAN YCH CHI'N MOYN FFAFR,
COFIWCH.) RHAG OFN EICH BOD CHI WEDI ANGHOFIO
– DWI'N DAL YN GARCHAROR YNG NGHASTELL BRYSTE
A DWI EISIE CWYNO AM Y CWNSTABL CAS SYDD I
FOD I OFALU AMDANA I. DYW E DDIM YN RHOI DIGON
O FWYD I FI AC MAE 'NILLAD I'N DYLLAU I GYD.
PLÎS HEFYD, ANNWYL ANNWYL FRENIN, GA I FYND
ALLAN I CHWARE YN IARD Y CASTELL WEITHIE PAN
MAE'R TYWYDD YN BRAF? DWI'N ADDO NA WNA I
GEISIO DIANC.

YN DDIFFUANT IAWN,
EICH DEILIAD DIBWYS AC UFUDD,

OWAIN AP DAFYDD AP GRUFFUDD

O.N. DWI'N 39 OED A DWI WEDI BOD YN GARCHAROR
YMA AM 32 O FLYNYDDOEDD.

Druan o Owain. 'Dyn ni ddim yn gwybod rhagor o
hanes y tywysog trasig yma, heblaw iddo fod yn
garcharor i Frenin Lloegr am dros 40 o flynyddoedd.

A dyna ddiwedd hanes plant pathetig a pheryglus
tywysogion Gwynedd, diolch byth.

Wel, na – ddim yn hollol – ond stori arall yw honno, fel
y gwelwn ni nawr.

Gwir neu Gau?:
Hanes Haerllug Owain Lawgoch

Mae hanes Owain Lawgoch yn ffantastig a rhamantus.
Ond ydy e'n hanes gwir neu gau?

	GWIR	GAU
1. Roedd Owain yn honni mai'i enw llawn e oedd Owain ap Tomos ap Rhodri a bod ei dad-cu/taid – Rhodri – yn frawd i Llywelyn II. Felly, yn ôl Owain, fe oedd Tywysog ola Gwynedd a Chymru. (Ond doedd neb bron wedi clywed amdano yng Nghymru!)		
2. Croesodd Owain i Ffrainc i ymladd ym myddin Charles V, Brenin Ffrainc. Roedd e'n gapten ar griw o filwyr o Gymru, yr Alban, yr Eidal ac ati ac roedden nhw'n ymladd yn erbyn Brenin Lloegr yn bennaf.		
3. Helpodd Charles V Owain i godi byddin o tua 700 o filwyr a 12 llong i ymosod ar Loegr – trwy'r drws cefn, sef Cymru – ym Mehefin 1372. Cyn hwylio cyhoeddodd Owain mai fe oedd 'Tywysog Cymru' go-iawn.		
4. Ar y ffordd i Gymru arhosodd Owain a'i fyddin ar Ynys Guernsey ac mewn brwydr anafodd Owain ei law yn ddifrifol – felly cafodd yr enw Owain		

	GWIR	GAU
Lawgoch! Ar ôl ymladd ar yr ynys galwodd Brenin Ffrainc e nôl i Ffrainc. Aeth Owain ddim ymlaen i goncro Cymru wedi'r cyfan.		
5. Erbyn 1378 roedd Richard II, Brenin Lloegr, yn ofnus iawn o Owain. Trefnodd e fod dyn o'r enw John Lamb yn mynd draw i Ffrainc i lofruddio Owain. Gwnaeth Lamb ffrindiau gydag Owain. Un bore, roedd Owain yn eistedd yn edrych i lawr ar gastell Mortmagne. Anfonodd e Lamb i nôl crib i gribo'i wallt e'n deidi (cyn ymosod ar gastell mae'n bwysig fod eich gwallt yn ddel). Ond dagr oedd gan Lamb, nid crib, a thrywanodd e Owain yn farw.		
6. Mae Owain Lawgoch wedi'i gladdu yn Ffrainc.		

le bradwr

Ga i dorri'ch gwallt chi'n fyr yn y cefn f'arglwydd?

ATEBION:
1. GWIR – Roedd Rhodri wedi gwerthu'i hawl i Wynedd i'w frawd, Llywelyn II (wnaeth Llywelyn ddim talu, wrth gwrs!) ac wedi symud i Tatsfield, Surrey yn Lloegr i fyw.
2. GWIR – Roedd Brenin Lloegr mor grac aeth e â holl dir Owain ap Tomos yn Lloegr a Chymru oddi arno.
3. GWIR – Gwariodd Charles V 300,000 ffranc ar longau a milwyr i helpu Owain i ymosod ar Loegr trwy Gymru.
4. HANNER GWIR – Bu Owain yn ymladd dros Ffrainc am sawl blwyddyn. HANNER GAU – Roedd Owain yn cael ei alw'n Owain Lawgoch cyn iddo fe fynd i Guernsey o gwbl.
5. GWIR – derbyniodd Lamb £20 am ei waith da fel bradwr brwnt.
6. GWIR – Ond roedd y Cymry'n mynnu nad oedd Owain wedi marw – dim ond yn cysgu mewn ogof rywle yng Nghymru. Bydd yn deffro ryw ddydd i arwain y Cymry mewn brwydr eto. (Felly, byddwch yn barod amdano.)

GWRTHRYFEL GLYNDŴR

Gofynnwch i'ch athrawon Hanes: 'Pwy yw eich arwr
neu eich arwres chi yn hanes Cymru'r Oesoedd Canol?'

Ar ôl iddyn nhw ddod dros y sioc eich bod chi wedi
gofyn cwestiwn mor gall fe gewch chi ateb call a doeth
iawn fel 'Owain Glyndŵr', siŵr o fod, ac fe fyddan nhw'n
dechrau mynd ymlaen ac ymlaen am sut gwnaeth Owain
Glyndŵr sefydlu Senedd i Gymru (er mai dim ond tua
dwywaith wnaeth hi gwrdd) a'i fod e wedi trio sefydlu
prifysgol i Gymru (ac wedi methu – ond 'sdim ots).

Ac fe fydd eich athrawon chi wedi ateb fel miloedd o
bobl eraill achos:

- yn 2004, pan oedd
  Cymru'n dewis y 100
  person pwysica yn ei hanes,
  daeth Owain Glyndŵr
  yn AIL (medal arian, felly).

- ac yn y flwyddyn 2000, pan oedd pobl Prydain yn
  dewis y personau pwysica yn hanes y Byd yn ystod y
  mileniwm diwetha daeth Owain Glyndŵr yn
  SEITHFED yn y BYD! (WAW FFACTOR!)

Ond mae 'na fersiwn fwy atgas o hanes Owain Glyndŵr, nad ydych chi'n debyg o'i glywed mewn gwers Hanes barchus.

A dyma'r hanes:

Roedd Cymru mewn diflastod difrifol yn amser Glyndŵr. Roedd hyd yn oed y Cymry oedd yn astudio ym mhrifysgol Rhydychen (doedd dim prifysgol yng Nghymru bryd hynny) yn ddiflas dros ben. (Ac ry'n ni'n gwybod fod myfyrwyr fel arfer yn cael amser braf iawn.) Roedd y myfyrwyr yn cael eu bwlian gan fyfyrwyr o ogledd Lloegr. Roedden nhw'n rhedeg ar ôl y Cymry yn gweiddi 'Lladdwch nhw, lladdwch y cŵn Cymreig' (ddim yn neis iawn, ond wrth gwrs 'dyn ni ddim yn gwybod beth oedd y Cymry wedi'i wneud i'r gogleddwyr). Ond nawr roedd y myfyrwyr yn barod i ymuno mewn gwrthryfel.

Oedd, roedd angen Arweinydd Arwrol ar Gymru yn 1400.

Ond roedd Owain Glyndŵr yr arweinydd amlwg yn joio byw yn ei gartre godidog yn Sycharth, gyda'i wraig a'i blant, a'i gwningod, a'i geirw a'i . . . hynny yw, tan i'w fyd bach hapus e gael ei siglo gan y 'Cymydog o Uffern'! – Reggie de Grey, arglwydd Rhuthun. Roedd Reggie yn dwyn tir Glyndŵr (yn ôl Glyndŵr).

Felly aeth Glyndŵr i ofyn am help Senedd Llundain i roi trefn ar y 'Cymydog o Uffern'. A beth wnaeth y Senedd? – dim ond chwerthin am ben y Cymro bach pathetig o'r wlad:

'Ha ha ha! Hi hi hi!
Mae Glyndŵr bach yn llawer rhy hy,
Yn dod fan hyn heb sgidie am ei drâd,
Ond beth ych chi'n ddisgwyl gan foi bach o'r wlad?
Ha ha ha! Hi hi hi!'

Pan glywodd Owain Glyndŵr yr ateb yma fe
chwyddodd ei frest yn fawr ac aeth e'n grac iawn!

Nid arweinydd cyffredin fyddai e mwyach ond
SIWPYR ARWEINYDD!

Dewisodd y Cymry e'n 'Dywysog Cymru' ac am bymtheg mlynedd buodd e'n arwain gwrthryfel gwaedlyd. A'r peth cynta wnaeth e oedd ymosod ar dref Reggie de Grey – Rhuthun – a llosgi'r lle i'r llawr.

Mewn panig pasiodd Senedd Lloegr gyfreithiau gwrthun i gosbi'r Cymry cythryblus:

Deddfau Dan-din 1401

Yn ôl gorchymyn ei Fawrhydi Harri IV
nid yw'r Cymry'n cael:

1. Cario arfau
2. Dal swyddi pwysig
3. Bod yn berchen ar gestyll
4. Dyw beirdd ddim yn cael crwydro'r wlad yn creu hafoc
5. Mae'r Deddfau hyn yn effeithio ar unrhyw Sais sy wedi priodi Cymraes hefyd.

Beth yw rysáit gwneud hafoc?

Ac fe geisiodd y Senedd basio un Ddeddf Dan-din arall – i stopio'r Cymry rhag siarad Cymraeg. Ond fe fethodd honno'n llwyr. (Mae hynny'n lwcus achos dim ond Cymraeg roedd y rhan fwya o'r Cymry yn gallu'i siarad – fe fyddai wedi bod yn ddistaw fel y bedd yng Nghymru.)

1. Roedd gan Glyndŵr ddewin o'r enw Crach Ffinnant. Ac roedd y Saeson yn meddwl fod Owain ei hun yn dipyn o ddewin – yn gallu rheoli'r tywydd a chodi storm o wynt neu niwl trwm pan fyddai byddin Lloegr eisiau ymosod.

2. Ysgrifennodd William Shakespeare ddrama am Frenin Lloegr, Harri IV, ac roedd Owen Glendower (doedd Shakespeare ddim yn dda am sillafu Cymraeg) yn un o'r cymeriadau ynddi. Yn y ddrama mae Owen yn brolio fod y ddaear wedi crynu a bod y nefoedd yn llawn o siapiau tanllyd pan gafodd ei eni. Does dim rhyfedd fod Harri IV yn mynd yn wyn fel y galchen wrth glywed enw Glendower. (Cofiwch, roedd Shakespeare yn byw tua 180 o flynyddoedd ar ôl Glyndŵr.)

3. Roedden nhw'n dweud fod Glyndŵr yn gallu dianc fel dewin rhag ei elynion. Un tro gwisgodd fel gwas cyffredin a dianc o Hafod Garegog yn ardal Nanmor. Roedd ei elynion ar ei sodlau wrth iddo fe groesi'r traeth a dringo i fyny Cwm Oerddwr, nes cyrraedd craig serth noeth o'r enw 'y Simnai'. Doedd neb yn gallu dringo'r graig yma ac roedd sawl un wedi marw wrth drio. Ond fe lwyddodd Glyndŵr (wrth gwrs) a bu e'n cuddio am fisoedd mewn ogof gerllaw. Prior Beddgelert oedd yn dod â bwyd iddo fe. (Mae'n dda bod y Prior yn ddigon ffit i ddringo mynyddoedd.) Ydy hon yn stori wir? Does neb yn gwybod – ond mae hi'n stori dda.

4. Erbyn 1404 roedd 30,000 o filwyr yn ymladd dros Glyndŵr. (Ond roedd llawer o Gymry'n ymladd gyda Harri IV yn ei erbyn e hefyd, cofiwch – dyna arfer y Cymry.)

5. Ym mrwydr Pwll Melyn, Gwent, yn 1405 roedd pawb yn meddwl fod Owain Glyndŵr wedi cael ei ladd. Ond yna edrychon nhw'n fwy gofalus ar y corff. Tudur ei frawd oedd wedi marw, nid Owain. Roedd y ddau frawd yn debyg iawn i'w gilydd ac weithiau byddai Tudur yn mynd i lefydd ac i gyfarfodydd yn lle Owain. Ond roedd gan Owain ddafad ar ei dalcen a doedd dim un gan Tudur. Tudur oedd wedi marw, felly – druan bach.

Ffeithiau
Ffiaidd
am y
Gwrthryfel

1. Roedd dau gefnder Glyndŵr – Gwilym ap Tudur a Rhys ap Tudur o Benmynydd, Môn – eisiau bod yn rhan o'r gwrthryfel. Felly, ar Ebrill 1af 1401 fe chwaraeon nhw dric Ffŵl Ebrill yng Nghastell Conwy. Roedd y rhan fwya o'r milwyr Seisnig oedd yn gwarchod y castell wedi mynd i'r eglwys, achos roedd hi'n Ddydd Gwener y Groglith (amser y Pasg).

Gwisgodd un o'r Cymry fel saer coed a dweud wrth y ddau filwr oedd ar ôl yn gwarchod y castell ei fod wedi dod i drwsio darn o'r castell. Ar ôl mynd i mewn trywanodd y 'saer' y milwyr ac agor y drws i'w ffrindiau, Gwilym a Rhys ap Tudur, a 40 o Gymry i ddod i mewn.

Ffŵl Ebrill!

Ond daeth 'Tywysog Cymru' (o Loegr) i warchae'r castell. A chwech wythnos yn ddiweddarach roedd Gwilym a Rhys a'u ffrindiau bron â marw o newyn. Roedd yn rhaid dianc. Penderfynon nhw glymu naw o'u ffrindiau a'u rhoi nhw i'r Saeson fel gwystlon, i'r gweddill gael mynd yn rhydd. (Wel, dyna un fersiwn o'r stori, beth bynnag.) Cafodd y naw Cymro trasig eu crogi, eu diberfeddu a'u chwarteru gan fyddin Lloegr o flaen eu 'ffrindiau'. Pwy oedd y Ffŵl Ebrill nawr, tybed?

2. Daeth Harri IV ei hun i Lanymddyfri ar Hydref 9, 1401 i weld Arglwydd Caeo, Llywelyn ap Gruffudd Fychan a'i fab hynaf yn cael eu crogi, eu diberfeddu a'u chwarteru am gefnogi gwrthryfel Owain Glyndŵr. (Roedd Harri yn hoffi gwneud y job yn iawn.) Roedd Llywelyn wedi bod yn arglwydd hael iawn (pan oedd e'n fyw!). Byddai e'n rhannu llond 16 casgen o win y flwyddyn rhwng ei ffrindiau.

Ac os cymerwch chi fod:

252 galwyn mewn un gasgen

ac felly bod 4,032 galwyn mewn 16 casgen

Dyna i chi 32,256 peint o win y flwyddyn yn cael eu hyfed yng nghartre Llywelyn!

(Peth rhyfedd fod Llywelyn a'i fab yn gallu sefyll, heblaw sôn am ymladd, yn y gwrthryfel!)

3. Doedd Owain Glyndŵr ei hunan ddim yn bresennol ym mrwydr fawr Amwythig yn 1403 pan oedd teulu'r Percies o Northumberland, gogledd Lloegr, a ffrindiau Glyndŵr, yn ymladd yn erbyn Harri IV. Mae rhai haneswyr Seisnig yn awgrymu fod Glyndŵr yn gwylio'r frwydr o ben bryn yr ochr draw i'r afon ac yn aros i weld sut fyddai'r Percies yn dod yn eu blaenau cyn ymuno â nhw. Collodd y Percies y frwydr ac felly mae rhai haneswyr yn dweud fod Owain yn ormod o lwfrgi (gair neis am fabi) i ymuno i helpu'i ffrindiau.

Ond mae haneswyr Cymru yn dweud fod Glyndŵr bellter i ffwrdd ar y pryd ac na fyddai wedi gallu helpu'r Percies; a bod Henry Percy wedi dechrau'r frwydr yn rhy gynnar beth bynnag. Pwy sy'n dweud y gwir, tybed?

★★★

OND BLE MAE OWAIN NAWR?

Does neb yn gwybod. Ydy e'n fyw neu'n farw? Pan oedd y gwrthryfel yn methu diflannodd Owain Glyndŵr (fel dewin). Yn ôl yr hanesydd hyll Adda o Frynbuga (a oedd yn methu penderfynu pa ochr i'w chefnogi):

> Cafodd Glyndŵr ei gladdu yn y nos gan ei ddilynwyr. Ond clywodd ei elynion am hynny a bu'n rhaid ei ail-gladdu.

A does neb yn gwybod ble mae ei gorff e'n gorwedd nawr.

Ydy e wedi'i gladdu yn ymyl cartre ei ferch, Alys Scudamore, yn Monnington, dros y ffin yn Lloegr? (Dyw'r teulu ddim yn fodlon rhannu'r gyfrinach neu 'dyn nhw ddim yn gwybod.)

Neu, a ydy Glyndŵr (fel Owain Lawgoch) yn cysgu mewn ogof rywle yng Nghymru, yn aros am yr alwad i ddeffro pan fydd angen SIWPYR-ARWEINYDD ar y Cymry unwaith eto?

Arferion Afiach

I ddeall Cymry'r Oesoedd Canol mae angen gwybod rhywbeth am eu harferion afiach.

Byw mewn Budreddi

Yn anffodus roedd llawer o Gymry'r Oesoedd Canol yn byw mewn budreddi a drewdod. Roedden nhw'n rhannu'u tai gyda'u hanifeiliaid – moch, ieir, gwartheg a hwyaid – ond bod y teulu yn byw yn y pen ucha a'r anifeiliaid yn byw yn y pen isa. Mae'n lwcus fod y tŷ yn dŷ hir iawn.

Ble wyt ti'n cysgu heno?

Roedd cartre Heilyn Goch o Bowys yn fudr a drewllyd iawn, yn ôl dyn o'r enw Rhonabwy a aeth i aros yno gyda'i ffrindiau. Roedd e'n lle diflas tu hwnt:

> _Fe welon ni hen neuadd ddu, yn llawn mwg. Roedd y llawr yn anwastad ac yn llawn pyllau ac roedd hi'n hawdd llithro ar y tail a'r piso gwartheg arno. Gallai dyn fynd dros ei figwrn i'r pyllau hyn._

'Ma dwll o le.

A'r tai yma oedd tai gorau'r Cymry. Achos yn yr haf roedden nhw'n symud i fyny i'r mynyddocdd ac yn codi tai haf erchyll dros dro. Roedd glaswellt yn tyfu y tu mewn i furiau'r tai yma – papur wal od yr Oesoedd Canol. Ac roedd pob math o ffrindiau bach atgas eraill yn rhannu'r tai yma gyda'r Cymry – pryfed, llau a chwain, yn pigo a chrafu.

**Rysáit i gael gwared
â chwain**

Dalia ddraenog a'i rostio ar y tân.
(Does dim sôn fod yn rhaid
ei ladd yn gynta.)
Dalia ddiferion y braster sy'n syrthio
o'r corff wrth ei rostio mewn llestr.
Rho'r braster ar ffon a gadael y ffon
yn yr ystafell lle mae'r chwain.
Byddan nhw'n rhedeg at y ffon.
Taflà'r ffon llawn chwain i mewn
i gartre dy elyn penna.

Wrth gwrs, y bobl dlawd oedd yn byw mewn cartrefi mochaidd a diflas fel hyn. Roedd y bobl gyfoethog yn gallu gwasgu'r bobl dlawd i roi eu harian iddyn nhw i adeiladu plasau a chestyll gwych.

★★

Gwelyau Gwarthus

Os oedd y cartrefi'n afiach a drewllyd roedd arferion cysgu'r Cymry yn waeth byth. Does dim rhyfedd, a dweud y gwir, achos roedd pawb yn cysgu mewn un rhes mewn un gwely afiach hir ar hyd ochr wal y tŷ. Gwellt byr, llawn dwst a chwain, oedd y fatres a blanced galed a budr iawn o'r enw brychan oedd drostyn nhw.

Ych-a-fi!

Arfer afiach arall oedd mynd i'r gwely yn eich dillad bob dydd. Ac yn y gaea, yn ôl Gerallt Gymro:

> Maen nhw'n cadw tân ynghynn trwy'r nos wrth eu traed ac maen nhw'n cael llawer o wres oddi wrth y person sy'n cysgu nesa atyn nhw.
>
> Os bydd yr ochr maen nhw'n cysgu arni yn dechrau brifo oherwydd y gwely caled, neu bod yr ochr allan yn rhewi o oerfel, maen nhw'n codi ac yn mynd at y tân i gynhesu. Yna maen nhw'n mynd nôl i'r gwely – ac maen nhw'n gwneud hyn sawl gwaith mewn un noson i gadw'n gynnes.

Pa ochr hoffech chi 'i chynhesu heno, syr?

Wrth aros mewn tafarn, efallai ym mhentre Niwbwrch, Ynys Môn, tua 1360, fe ddaeth bardd o'r enw Dafydd ap Gwilym ar draws yr arfer afiach o rannu gwely (yn llythrennol).

Tua 8 o'r gloch y nos

Dafydd a'i was yn cyrraedd y dafarn. Dafydd yn ffansïo merch bert (roedd Dafydd yn hoffi merched pert – mwy am hyn eto). Prynu pryd o fwyd iddi.

Tua 10 o'r gloch

Trefnu cwrdd â'r ferch bert ar ôl i bawb arall yn y dafarn fynd i'r gwely.

(Cerwch i'r gwely bawb i ni gael mynd ymlaen â'r stori.)

11 o'r gloch y nos

Dafydd yn codi'n dawel fach – ond yn baglu – yn bwrw'i goes ar stôl ac yn taro'i dalcen yn erbyn bwrdd. Ar y bwrdd roedd padell a phowlen swnllyd . . .

Wps!

Dyma'r cyfan yn syrthio'n bendramwnwgl – gan wneud sŵn enfawr drwy'r holl dafarn.

A deffro'r cŵn . . .

Cyfarth swnllyd y cŵn
yn deffro tri Sais – Hicin,
Siencin a Siac – oedd yn chwyrnu cysgu mewn
gwely drewllyd ofnadwy gerllaw.

Neidion nhw i fyny a dechrau
gweiddi dros y lle . . .

Mae rhywun yn trio dwyn
ein bagie ni – Cymro yw e, siŵr
o fod. Deffrwch bawb – mae lleidr
o Gymro o gwmpas y dafarn
'ma. Help! Help!

Dyma'r tafarnwr yn deffro nesa – a phawb yn y
dafarn yn gweiddi a bygwth lladd y lleidr . . . ar
ôl iddyn nhw 'i ddal e wrth gwrs.

Roedden nhw'n chwilio ym mhob twll a chornel.

1 o'r gloch y bore

A ble roedd Dafydd? Yn cuddio ac yn gweddïo na
fydden nhw'n ei ffeindio.

Druan o'r ferch – welodd hi
mo Dafydd y noson honno.

Gwell lwc y tro nesa, Dafydd!

Arferion Aflan Eraill

Does dim rhyfedd fod cartrefi'r Cymry cyffredin yn drewi cymaint. Doedd dim dŵr tap, dim bàth, dim cawod a dim sebon ynddyn nhw.

Dim ond twll tu ôl i'r clawdd (O.C. – ochor clawdd, nid W.C.) oedd gyda nhw fel toiled. Doedd dim papur tŷ bach, dim ond dail mawr (a phigog – Aw!).

Roedd y bobl gyfoethog yn meddwl eu bod nhw'n arbennig, ond dim ond sêt â thwll ynddi ar dop tŵr castell oedd gyda nhw hefyd fel toiled. Roedd y carthion yn llithro i lawr y twll i'r ffos o amgylch y castell. (Dim nofio yn y ffos, felly!)

Ond roedd digon o gyngor ar sut i gadw'n lân a thaclus:

Sut i ymolch:

Ymolchwch du blaen eich corff bob dydd mewn dŵr ffynnon, rhewllyd.

Ymolchwch du ôl eich corff un waith yr wythnos a rhwbiwch e'n sych gyda lliain garw.

Sut i ofalu am y gwallt:

Rhowch ddysgl gron am y pen a thorrwch y gwallt yn gylch o'i hamgylch.

Sut i fod yn flonden:

Cymerwch risgl/croen coes riwbob. Rhowch e mewn gwin gwyn. Golchwch eich gwallt ag e.

Sut i lanhau dannedd:

Rhwbiwch nhw â phren collen werdd. Sychwch nhw'n dda gyda darn o frethyn.

I stopio anadl rhag drewi a chadw dannedd yn wyn llachar:*

Cymerwch ddail y geidwad a'u malu. Cymerwch ddwywaith cymaint o halen a'i gymysgu gyda'r dail. Gwnewch y cymysgedd yn beli bach, yna coginiwch nhw nes eu bod wedi llosgi. Malwch y peli yn bowdwr. Defnyddiwch hwn fel past dannedd.

* Cofiwch fod gwraig yn gallu cael ysgariad wrth ei gŵr os oedd ei anadl e'n drewi. Efallai ei bod hi'n ffordd dda i gael gwared ag ambell wraig!

CROESO CYNNES Y CYMRY?

Yn yr Oesoedd Canol roedd Rheolau Rhagorol i ddweud sut i roi croeso cynnes i ymwelwyr:

Rheolau Rhagorol ar gyfer rhoi Croeso Cynnes Cymreig

1. **Gŵr a gwraig y tŷ**
   Peidiwch â gofyn enw'r ymwelydd, o ble mae e'n dod na faint fydd e'n aros – tan ar ôl y trydydd dydd o leia.

   Cynigiwch ddŵr i'r ymwelydd i olchi'i draed – os bydd e'n derbyn mae'n arwydd ei fod e am aros dros nos.

   Ych-a-fi – mae'i draed e'n drewi ar ôl cerdded yn droednoeth.

   Os nad yw e eisiau dŵr i olchi'i draed, bydd pryd o fwyd yn ddigon a wedyn bydd e'n mynd ar ei daith. (Ond eisteddwch yn ddigon pell oddi wrtho gan y bydd ei draed e'n drewi.)

2. **Yr ymwelydd**
   Tynnwch eich arfau ar unwaith ar ôl cyrraedd y tŷ. (Wel, mae hi braidd yn anghyfforddus eistedd ar gleddyf, on'd yw hi?)
   Gallwch chi aros am 3 diwrnod heb ddweud pwy ydych chi.

Ond weithiau byddai ymwelydd yn cael CROESO CYMREIG ANGHYNNES – ac wedyn byddai trwbwl.

Dwedodd Walter Map stori am ryw Gymraes grintachlyd a'i chroeso anghynnes. (Ond cofiwch, doedd Walter ddim yn hoffi menywod rhyw lawer.)

(A hyn i gyd am daflu un dyn allan o'r tŷ cyn pen tri diwrnod! Dim 5 seren i'r gwesty yna!)

Ach-a-fi

Mae'r Cymry yn dwlu gwybod pwy sy'n perthyn i bwy. Gofynnwch i ffrind eich mam:

Pwy ych chi, 'te?

Wel, dwi'n chwaer i frawd i fam yng nghyfraith i wncwl . . .

Cerddwch i ffwrdd fan hyn neu byddwch chi yna am byth.

Ac mae'r Cymry'n hoffi gofyn posau dwl fel:

> *Fe aned plentyn yn Llan-gan,*
> *Nid mab i'w dad, nid mab i'w fam;*
> *Nid mab i Dduw, nid mab i ddyn,*
> *Ond yn blentyn perffaith fel pob un.*

Beth oedd e?

Ateb:
Merch.

Mae gan bawb a phopeth yng Nghymru ach (gair cr-ach am enwau aelodau'r teulu).

Ac maen nhw wedi bod wrthi'n adrodd ach-au ers canrifoedd. Roedd Gerallt Gymro'n dweud fod yr hobi dwl hwn yn un o nodweddion neisa Cymry'r Oesoedd Canol:

> *Mae'r werin yn gallu adrodd eu hachau yn rhugl ar eu cof. Yr hyn maen nhw eisiau fwya yw llinach dda.*

Ac os nad oedden nhw'n siŵr o'u hachau – wel, digon hawdd defnyddio'r dychymyg. Dyna wnaeth awdur hanes bywyd Brenin Gwynedd, Gruffudd ap Cynan, er mwyn plesio'i deulu e. Fe aeth e nôl a nôl a nôl yn yr achau amheus nes cyrraedd –

> Gruffudd ap Cynan ab Iago ab Idwal ab Elisedd ap Meurig ab Anarawd ap Rhodri Mawr ap Merfyn Frych . . . ap Llywarch Hen . . . ap Jupiter . . . ap Noa . . . ap Adda ap DUW!

Crach-ach, cawl-ach neu smon-ach?

Dynion Bach wedi Drysu

Y broblem fawr yng Nghymru oedd fod cymaint o bobl â'r un enwau (yr un peth â Jones ac Evans heddiw) ac roedd hi'n hawdd iawn drysu rhyngddyn nhw.

Dyma rai o enwau enbyd o anniddorol tywysogion Cymru yn yr Oesoedd Canol:

Gruffudd ap Llywelyn	Llywelyn ap Gruffudd
Rhys ap Gruffudd	Gruffudd ap Rhys
Dafydd ap Gruffudd	Dafydd ap Llywelyn

Profwch eich athrawon Hanes.

Gofynnwch: Pwy oedd Rhys ap Gruffudd ap Rhys ap Gruffudd ap Rhys?

Dim syniad? (fel roedden ni'n meddwl).

Yr ateb: Tywysog Deheubarth, ŵyr yr Arglwydd Rhys ac roedd ganddo fe wncwl o'r enw Rhys, cefnder o'r enw Rhys a thri nai o'r enw Rhys.

Meddyliwch am gael tîm pêl-droed â phawb o'r un enw!

Llysenwau Lloerig

I osgoi problemau drysu fel hyn roedd rhai pobl yn cael eu galw wrth lysenwau. 'Dyn ni ddim bob amser yn siŵr beth yw ystyr rhai ohonyn nhw. Beth ych chi'n feddwl?

1. **Iorwerth Drwyndwn:**
   (a) am fod ei drwyn e wedi torri
   (b) am ei fod e'n pigo'i drwyn o hyd.

2. **Hywel Sais:**
   (a) am ei fod e wedi byw yn Lloegr ac yn siarad Saesneg yn dda
   (b) am ei fod e'n gwrthod siarad Cymraeg.

3. **Llywelyn Fawr:**
   (a) am ei fod yn dal iawn, iawn
   (b) am ei fod yn arweinydd da.

4. **Rhys Gryg:**
   (a) am fod ganddo lais cras a garw
   (b) am fod rhywbeth yn bod ar sut roedd e'n siarad.

5. **Dafydd Gam:**
   (a) am fod ganddo lygaid croes
   (b) am fod ei gefn yn grwca
   (c) am ei fod wedi colli un llygad.

6. **Rhirid Flaidd:**
   (a) am fod ganddo drwyn fel blaidd
   (b) am ei fod wedi lladd blaidd
   (c) am ei fod yn dod o le o'r enw Blaidd Rhudd
   Gest.

7. **Madog Wladaidd:**
   (a) am ei fod yn byw yn y wlad
   (b) am ei fod yn gwisgo cap fflat fel ffermwr a bod
   ganddo gi defaid
   (c) am ei fod yn berson gwledig, syml.

Atebion:
1(a); 2(a); 3(b);
4(a) neu (b); 5(a)
neu (c); 6(c); 7(c).

Ffasiwn Ffroenuchel

O tua 1415 ymlaen roedd rhai Cymry wedi mynd yn
dipyn o grach-ach. Roedden nhw eisiau copïo'r Saeson
a newid eu henwau Cymraeg i swnio fel rhai Saesneg.

Chwiliwch am y fersiwn snobyddlyd o'r enwau yma:

Dafydd ap Gwilym	Rees Evans
Sion ap Rhys	Maurice Yorath
Gruffudd Llwyd	David Williams
Maredudd Goch	Howell Bowen
Rhys ab Ifan	Thomas Probert
Hywel ab Owain	Walter Pugh
Tomos ap Robert	Griffith Lloyd
Gwallter ap Huw	John Price
Morus ab Iorwerth	Meredith Gough

Joio Jôc?

Yn ôl Gerallt Gymro, roedd Cymry'r Oesoedd Canol yn joio jôc ac yn llawn hwyl a hiwmor.

Ond mae'r jôcs ddwedodd e'n ei lyfrau yn fwy tebyg o wneud inni grio na chwerthin. Os ydych chi eisiau diflasu'ch dosbarth, dwedwch y jôcs canoloesol difrifol yma wrthyn nhw.

Neu, gwell fyth, dwedwch nhw wrth eich athrawon Hanes. Maen nhw'n ddigon hen i'w deall nhw. Gobeithio na wnân nhw farw o chwerthin!

JÔC 1: Wrth sôn am feistres tŷ gybyddlyd a mên iawn:

'Yr unig fai ar y fenyw yna yw ei bod yn rhoi gormod o fenyn gyda'i halen!'

(Ha! ha!)
(eglurhad: rhoi halen gyda menyn sy'n arferol)

JÔC 2: Jôc yr Archesgob Baldwin yn ystod ei daith o gwmpas Cymru (yn 1188):

'Mae'r eos yn aderyn doeth iawn. Dyw e byth hyd yn oed yn picio i mewn i Gymru am dro. Ond rydyn ni'n bobl dwp iawn – nid yn unig daethon ni ar daith i Gymru ond aethon ni o amgylch y wlad i gyd!'

(Doniol iawn! – ond beth arall ydych chi'n ei ddisgwyl gan Archesgob?)

Harmonïau Hyll

Mae pawb drwy'r byd i gyd yn gwybod fod y Cymry'n dwlu canu – yn enwedig mewn gêm rygbi ryngwladol neu yn y dafarn yn hwyr y nos.

Ac mae'r arfer afiach yma o ganu mewn harmonïau hyll yn mynd yn ôl i'r Oesoedd Canol.

Roedd hyd yn oed babanod bryd hynny, cyn gynted ag yr oedden nhw wedi datblygu o grio i ganu, yn gallu ffurfio côr o denoriaid, sopranos, altos a baswyr.

A'u hoff offeryn nhw? – y delyn, wrth gwrs.

Côr Babanod Pontarddu-lais

Syrffed o Storïau

Ar ôl llowcio llond bol mewn gwledd foethus, gwrando ar ganu'r delyn a chanu ambell gân mewn harmonïau hyll, roedd Cymry'r Oesoedd Canol yn hoffi tipyn o gynnwrf ac antur opera sebon. Ac roedd rhai o'r storïau syrffedus oedd yn cael eu hadrodd yn llawer mwy cynhyrfus a chyffrous nag unrhyw opera sebon sy ar y teledu heddiw. Dyma storïau'r Mabinogi.

Roedd storïau'r Mabinogi yn llawn o'r canlynol:

- **Teuluoedd trychinebus**: fel teulu Branwen ferch Llŷr. Cafodd Branwen ei rhoi yn wraig (doedd dim dewis ganddi, wrth gwrs!) i Matholwch, Brenin Iwerddon, heb ganiatâd ei brawd brawychus, Efnisien. Digiodd Efnisien yn ofnadwy ac aeth i'r stabl lle roedd Matholwch yn cadw'i geffylau a thorri clustiau, gwefusau a chynffonnau pob un ohonyn nhw i ffwrdd!

- **Dewiniaid dialgar**: fel Gwydion. Trodd Gwydion Blodeuwedd, y ferch roedd e wedi'i chreu o flodau, yn dylluan. A beth oedd Blodeuwedd wedi'i wneud i haeddu'r fath gosb? Syrthio mewn cariad â Gronw Pebr a thwyllo'i gŵr, Lleu Llaw Gyffes.

- **Gêmau gwarthus**: fel 'chwarae broch yng nghod' – clymu mochyn daear (neu froch) mewn cwdyn a chael pawb i'w gicio a'i guro nes ei fod yn gwylltio a chrio mewn poen. (Weithiau bydden nhw'n chwarae'r gêm greulon yma gyda dyn byw – yn enwedig os oedd e'n elyn.)

- **Gwrthdaro gwaedlyd**: fel y rhyfel mawr rhwng Cymru ac Iwerddon i ddial ar Matholwch, Brenin Iwerddon, am fod yn gas wrth ei wraig, Branwen. Yn ystod y brwydro roedd y Gwyddelod oedd yn cael eu lladd yn cael eu taflu i mewn i grochan mawr o'r enw 'Y Pair Dadeni' ac yn atgyfodi i ymladd eto (a chael eu lladd eto!). O'r diwedd cafodd Efnisien, y brawd brawychus, ei daflu i'r Pair. Ymestynnodd e allan a thorri'r Pair yn bedair rhan a thorrodd ei galon e ar yr un pryd.

Dwi bron â thorri 'nghalon.

A phwy enillodd y frwydr fawr? Fel gyda phob opera sebon dda bydd yn rhaid i chi aros tan y bennod nesa i wybod hynny!

Y Normaniaid Nerthol

Sut bobl oedd y Normaniaid gyrhaeddodd Gymru o tua 1070 ymlaen?

Yn ôl Rhigyfarch, Cymro o Lanbadarn Fawr, ger Aberystwyth:

Mae un Norman atgas yn gallu brawychu cant o Gymry brodorol gyda'i orchmynion, dim ond wrth edrych arnyn nhw.

A doedd gan y Norman, Orderic Vitalis, ddim byd da iawn i'w ddweud am ei bobl ei hun chwaith:

Maen nhw'n bobl ryfelgar . . . yn llawn uchelgais i reoli pawb arall; yn ffroenuchel a digywilydd ofnadwy, yn gyfrwys a dialgar.

Dw i ddim yn credu y byddech chi eisiau cwrdd â Norman ar y ffordd ar noson dywyll!

Ac fe gafodd y Normaniaid bob cefnogaeth gan eu Brenhinoedd i ddwyn a chipio tir y Cymry. Yn ôl yr hanes dwedodd Harri I wrth y Norman, yr Arglwydd Gilbert fitz Richard o Clare:

(Popeth yn iawn, felly, Harri – dim ots am Cadwgan druan!)

A dyna beth wnaeth y Normaniaid nerthol. Cipion nhw'r tir a setlo i fyw ar hyd y ffin rhwng Cymru a Lloegr yn arbennig. A chafodd y rhain eu galw yn Farwniaid y Mers. Roedd gan y barwniaid barus a phwerus yma hawl i gael eu byddinoedd eu hunain, i ddechrau rhyfeloedd (yn erbyn y Cymry a'i gilydd) ac i gael eu deddfau eu hunain – deddfau fel y rhain:

DEDDF Y MERS 1 – TRESMASU

Os bydd unrhyw un yn tresmasu ym mharc Arglwydd Crughywel bydd e'n cael ei roi mewn cyffion nes talu dirwy. Os na fydd e'n talu bydd ei droed dde yn cael ei thorri i ffwrdd.

DEDDF Y MERS 2 – PRAWF YR HAEARN POETH

I brofi a ydy rhywun yn dweud y gwir neu beidio: rhaid i'r person ymprydio (byw heb fwyd) am dri diwrnod; yna codi darn o haearn gwynias (poeth iawn iawn) yn ei law a chymryd tri cham ymlaen cyn ei roi i lawr. Ar ôl tri diwrnod, os bydd y llaw yn iach mae'r person yn ddi-euog; os yw'r anaf wedi mynd yn ddrwg – euog!

DEDDF Y MERS 3 – 'DYDDIAU CARU'

Bydd 'Dyddiau Caru' yn cael eu cynnal unwaith y flwyddyn. Bydd pobl sy wedi bod yn dwyn anifeiliaid yn gallu eu rhoi'n ôl i'w perchnogion heb gael eu cosbi.

Dim ond 150 o wartheg ro'n i wedi'u dwyn.

Roedd hyd yn oed Brenin Lloegr yn gorfod bod yn ofalus iawn wrth drin y Normaniaid nerthol.

Roedd Walter Clifford, Bronllys, Dyffryn Gwy, mor grac fod y Brenin Harri III wedi ymyrryd ar ei dir e trwy anfon gorchymyn ato, nes iddo fe orfodi'r negesydd anffodus i fwyta'r llythyr i gyd a llyncu hyd yn oed y sêl o gwyr coch.

Hoffet ti sôs tomato gyda'r sêl?

Cestyll y Concwerwyr Cyfrwys

Adeiladodd y Normaniaid gestyll gorthrymus i ormesu'r Cymry

Ystadegau ych-a-fi am y cestyll

1. Cododd y Normaniaid tua 500 o gestyll tomen a beili yng Nghymru – cestyll pren hawdd i'w codi a hawddach fyth i'r Cymry eu dinistrio â thân.

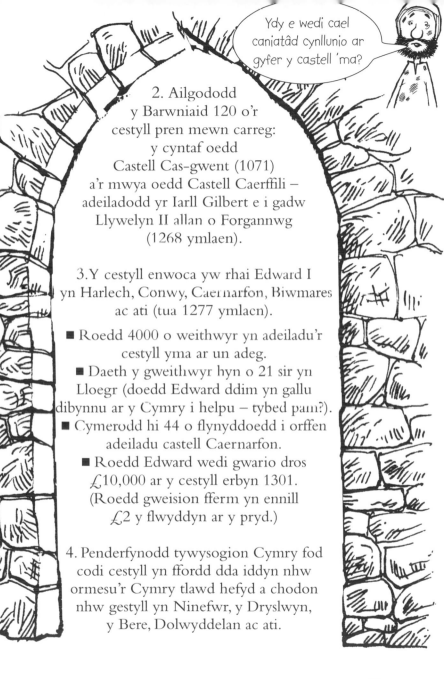

Ydy e wedi cael caniatâd cynllunio ar gyfer y castell 'ma?

2. Ailgododd
y Barwniaid 120 o'r
cestyll pren mewn carreg:
y cyntaf oedd
Castell Cas-gwent (1071)
a'r mwya oedd Castell Caerffili –
adeiladodd yr Iarll Gilbert e i gadw
Llywelyn II allan o Forgannwg
(1268 ymlaen).

3. Y cestyll enwoca yw rhai Edward I
yn Harlech, Conwy, Caernarfon, Biwmares
ac ati (tua 1277 ymlaen).

■ Roedd 4000 o weithwyr yn adeiladu'r
cestyll yma ar un adeg.
■ Daeth y gweithwyr hyn o 21 sir yn
Lloegr (doedd Edward ddim yn gallu
dibynnu ar y Cymry i helpu – tybed pam?).
■ Cymerodd hi 44 o flynyddoedd i orffen
adeiladu castell Caernarfon.
■ Roedd Edward wedi gwario dros
£10,000 ar y cestyll erbyn 1301.
(Roedd gweision fferm yn ennill
£2 y flwyddyn ar y pryd.)

4. Penderfynodd tywysogion Cymry fod
codi cestyll yn ffordd dda iddyn nhw
ormesu'r Cymry tlawd hefyd a chodon
nhw gestyll yn Ninefwr, y Dryslwyn,
y Bere, Dolwyddelan ac ati.

Y Bwrdeistrefi Bygythiol

O gwmpas y cestyll plannodd y Normaniaid fwrdeistrefi yn llawn Saeson. Gyrron nhw'r Cymry o'u cartrefi a gwneud iddyn nhw fyw ar dir gwael i fyny yn y bryniau. Cododd y Normaniaid furiau o gwmpas y bwrdeistrefi i gadw'r Cymry allan – ond ar ddiwrnodau ffair a marchnad byddai'r Cymry'n cael mynd i mewn i dalu trethi a gwario'u harian.

Ond roedd ambell Gymro yn gallu cael y gorau ar y Normaniaid

Stori Syfrdanol Ifor Bach

Seren Senghennydd ecscliwsif! 1158

OS NAD YW E'N FAWR — MAE E'N DDIGON

Yn hwyr neithiwr dysgodd Cymry, un bach o gorff ond mawr o galon, wers i'r Iarll William, Arglwydd Caerdydd a Morgannwg. Torrodd Ifor Bach, Arglwydd Senghennydd, i mewn i gastell Caerdydd er bod 120 o filwyr yn gwarchod y dre a'r castell. Dringon nhw i fyny ysgolion i'r twr – mynd i mewn i'r castell a chipio'r Iarll, Hawys ei wraig a'u mab bach.

'Mae'r peth yn warthus,' meddai'r Iarlles Hawys mewn cyfweliad ecscliwsif i'r *Seren*, 'y Cymry haerllug yn gwneud i MI – arglwyddes Normanaidd – ddringo i lawr ysgol allan o'r castell. Ac ro'n i newydd gael gwneud fy ngwallt ar gyfer y wledd heno – gwarthus!'

'Roedd yn rhaid i ni wneud rhywbeth,' eglurodd Ifor Bach wrth ein gohebydd. 'Mae'r Iarll wedi dwyn ein tiroedd ni'r Cymry ac ry'n ni eisiau nhw nôl.'

(Ac fe lwyddon nhw hefyd y tro hwn!)

Milwyr Milain

Roedd y Cymry a'r Normaniaid yn filwyr milain dros ben. Ond mewn brwydr roedden nhw'n ymladd mewn ffyrdd hollol wahanol.

Roedd gan y Normaniaid geffylau cryf i farchogaeth i ryfel a bydden nhw'u hunain wedi'u lapio i fyny'n dda. Byddai marchog Normanaidd yn edrych yn frawychus iawn.

NORMAN

helmed ddur gyda darn yn dod i lawr dros y trwyn (dim pigo trwyn, felly)

gwaywffon

arfwisg – miloedd o gylchoedd dur; dros y corff i gyd (*babis mami*)

menig lledr

ceffyl cryf cyflym

cleddyf

tarian fawr

dillad isa trwchus

bwa croes

Roedd angen llawer o arian i dalu am geffyl, arfau ac arfwisg Normanaidd. Ond doedd hynny ddim yn broblem achos roedd y Normaniaid wedi dwyn holl dir y Saeson yn Lloegr ac roedd y marchogion Normanaidd yn gyfoethog iawn.

Fyddai gweld milwr o Gymru yn dod i ryfela ddim wedi codi llawer o ofn ar y Normaniaid nerthol.

MILWR O OGLEDD CYMRU

clogyn

gwaywffon

MILWR O WENT

dim helmed

clogyn

crys ysgafn

tarian fach gron

arfwisg ysgafn

bwa a saeth

cleddyf byr

dim dillad isa bob amser

esgid

troednoeth

Ond roedd y Cymry'n ffit. Doedden nhw ddim yn mynd i'r gampfa i ymarfer yn aml ond roedden nhw'n rhedeg lan a lawr mynyddoedd. Ar ddechrau brwydr byddai'r milwyr Cymreig yn gweiddi, canu utgyrn yn uchel a thynnu wynebau ar y gelyn. (Rhywbeth fel 'haca' tîm rygbi Crysau Duon Seland Newydd.) Yn anffodus doedd y Normaniaid ddim yn cymryd llawer o sylw o'r 'stumiau yma.

Roedd y Cymry yn credu y gallen nhw ddianc heb anaf o frwydr os bydden nhw'n cario brigyn o'r goeden dderwen.

Brigyn ddwedes i, nid coeden!

Felly, mewn brwydr, pwy fyddai'n ennill?

BRWYDR 1:

ar gae eitha fflat a dim llawer o fynyddoedd o gwmpas.

Roedd y Normaniaid wrth eu boddau a bydden nhw'n ennill yn hawdd. Mae'n lwcus fod y Cymry'n ffit achos cyn bo hir byddai'n rhaid iddyn nhw redeg nerth eu coesau o'r frwydr.

BRWYDR 2:

i fyny yn y mynyddoedd mewn ardal goediog.

Nawr y Cymry oedd wrth eu boddau a cheffylau'r Normaniaid yn methu symud yn gyflym trwy'r coed. Wrth i'r Cymry redeg i lawr y mynydd byddai eu crysau ysgafn yn codi yn y gwynt. Yn lwcus iawn i'r Normaniaid, yn wahanol i bobl yr Alban, roedd llawer o'r Cymry yn gwisgo trôns o dan eu crysau. Ond pan fydden nhw'n anghofio gwisgo trôns, roedd hi'n olygfa erchyll iawn i'w gelynion ac roedd hi'n anodd i'r Normaniaid ganolbwyntio ar ymladd!

Byddai'n rhaid i'r ddau dîm yma gwrdd unwaith eto i weld pwy oedd y milwyr mwyaf milain.

Saethwyr gwych Gwent

Y Cymry oedd pencampwyr Prydain gyda bwa a saeth, a saethwyr Gwent oedd y gorau o'r cyfan. Saethodd un saethwr saeth (triwch chi ddweud hynna'n gyflym!) mor galed nes i'r saeth drywanu trwy'r arfwisg oedd am goes marchog Normanaidd a thrwy ei goes dde nes cyrraedd at y cyfrwy. Mewn poen ofnadwy trodd y Norman y ceffyl o gwmpas a saethodd y saethwr saeth arall yn sydyn trwy ei goes chwith ac i mewn i'r cyfrwy yr ochr arall! (Gallai hwnna fod yn sbort Olympaidd!)

Saethwyr syfrdanol Crécy

Sawl blwyddyn yn ddiweddarach sylweddolodd Brenin Lloegr pa mor syfrdanol o wych oedd saethwyr Cymru. Casglodd e nhw at ei gilydd a'u hanfon nhw draw i Ffrainc i ymladd drosto fe ym mrwydr fawr Crécy yn 1346. Bwa hir oedd arf y Cymry, ac roedd yn rhaid i'r bwa fod mor dal â'r saethwr.

87

Roedd 3000 o saethwyr yn y frwydr a phob un yn gallu saethu 10-20 saeth mewn munud! (Sut mae'ch Mathemateg chi? – dyna tua 45,000 saeth y funud.) Ac roedd y saethwyr yn hollol saff achos roedden nhw'n gallu saethu'r gelyn o tua 250 metr i ffwrdd. Yn ôl un sylwebydd roedd 'y saethau yn syrthio fel eira'.

Brenin Lloegr enillodd y frwydr yma, wrth gwrs!

Yn Crécy penderfynodd Brenin Lloegr hefyd fod yn rhaid gwisgo'r Cymry i gyd yn yr un lliwiau er mwyn gallu'u 'nabod nhw. Roedden nhw'n filwyr mor wyllt – doedden nhw'n gwrando dim ar orchmynion y Saeson yn y frwydr. A'r lliwiau ddewisodd e oedd – siaced werdd a gwyn, gyda'r lliw gwyrdd ar y dde.

Y Cymry oedd y milwyr cynta i wisgo lliwiau cenedlaethol fel hyn mewn brwydr.

Strip chwarae bant newydd Cymru, 1346

Twrnameintiau Treisgar

Hoff hobi heriol y marchogion Normanaidd oedd anafu (neu hyd yn oed lladd) ei gilydd mewn twrnameintiau treisgar, fel hwn:

TWRNAMAINT TRE-TWR

Ebrill 24, 1322

Marchogion yr Arglwydd Despenser

yn erbyn

Marchogion yr Arglwydd Arundel

Yr enillwyr fydd y tîm fydd yn cipio
marchogion, arfau a cheffylau'r tîm arall.

Bydd y marchogion yn gwisgo arfbeisiau eu Harglwyddi

RHYBUDD: Gall cymryd rhan niweidio eich iechyd (a'ch lladd)

Pan oedd Edward I eisiau dangos yn glir i Gymry gwrthryfelgar Gwynedd pwy oedd yn rheoli'r wlad, ar ôl lladd Llywelyn II yn 1282 – beth wnaeth e? Cynnal Eisteddfod Genedlaethol?

Nage – trefnu twrnamaint gwych i farchogion Lloegr a Ffrainc yn Nefyn, un o hoff lysoedd Llywelyn.

Syr Hywel a'i Fwyell Farus

Bwyell, nid bwa a saeth na gwaywffon, oedd arf peryglus
Hywel ap Gruffudd pan oedd yn ymladd yn y Rhyfel
Can Mlynedd. (Tipyn bach o orliwio fanna – roedd e'n
nes at Ryfel can wythnos.) Roedd Hywel yn gallu hollti
helmedau yn eu hanner a thorri pennau ei elynion â'i
fwyell fawr. Roedd e mor wych am ladd y gelyn fel y
cafodd ei wneud yn farchog – yn **Syr** Hywel. Ac ar ôl
brwydr fawr Poitiers yn Ffrainc yn 1356 roedd Edward,
Tywysog Cymru, yn meddwl
cymaint o fwyell Hywel
nes iddo fe roi lle
arbennig i'r fwyell yn
y llys brenhinol.
Amser bwyd
bob dydd
byddai gwas y
llys yn dodi
pryd o fwyd
o flaen y
fwyell ar y
bwrdd.

Ar ddiwedd y wledd roedd bwyd y fwyell (achos doedd hi ddim yn ei fwyta!) yn cael ei rannu i'r tlodion. Fe aeth hyn ymlaen tan oes Elizabeth 1af – am tua dau can mlynedd. (Roedd hi'n werth bod yn un o'r tlodion yn y llys yma – diolch i fwyell farus Syr Hywel.)

Gwenllïan, y fenyw filain

Mae digon o hanesion atgas am ddynion yn lladd ei gilydd mewn brwydrau yn yr Oesoedd Canol. Ond roedd ambell fenyw filain hefyd. A'r enwoca oedd Gwenllïan, gwraig Gruffudd ap Rhys, Tywysog Deheubarth. Pan oedd Gruffudd wedi mynd ar drip i ogledd Cymru i ofyn am help ei dad yng nghyfraith, Gruffudd ap Cynan, i ymladd yn erbyn y Normaniaid yn 1136, cafodd Gwenllïan gyfle i ddangos ei bod hi'n gallu rhyfela gystal ag unrhyw ddyn.

Penderfynodd hi godi byddin i ymosod ar Arglwydd Normanaidd Cydweli, Maurice de Londres. Ymunodd dau o'i meibion, Maelgwn a Morgan, yn ei byddin. Ond er i'r Cymry ymladd yn ddewr cafodd Gwenllïan a Morgan eu lladd a Maelgwn ei ddal yn garcharor.

Mae pobl Cydweli yn galw'r tir lle cafodd Gwenllïan ei lladd yn 'Maes Gwenllïan' hyd heddiw.

Am flynyddoedd wedyn roedd sôn fod ysbryd menyw heb ben yn ymddangos o hyd ac o hyd ar Faes Gwenllïan. Roedd un dyn lleol wedi cael digon o'r ysbryd a mentrodd, un nos olau leuad, i ofyn iddi beth oedd yn bod arni. (Sut oedd e'n disgwyl iddi ateb heb ben, tybed?) Atebodd hi nad oedd hi'n gallu gorffwys yn dawel nes cael hyd i'w phen a gofynnodd i'r dyn ei helpu. Buon nhw'n chwilio am dair noson ac ar y drydedd noson fe ffeindiodd y dyn y pen. Ar ôl i'r ysbryd ffeindio'r pen diflannodd y fenyw am byth.

Llygad am lygad

Eisiau dial ar eich gelyn? Eisiau dysgu gwers i un o'r teulu? Triwch un o'r dulliau dychrynllyd yma o'r Oesoedd Canol.

1. Dull Huw Fras, Iarll Caer (1081)

TORRI BYS BAWD LLAW DDE EICH GELYN I FFWRDD. Dyna wnaeth Hugh, Iarll Caer, i'r milwyr o Iwerddon a Denmarc oedd wedi dod draw i Gymru i helpu Gruffudd ap Cynan i ail-goncro Gwynedd. Ar ôl torri bawd llaw dde milwr bant fyddai e ddim yn gallu dal bwyell na bwa a saeth byth eto.

2. **Dull y Brenin Harri II (1165)**

TYNNU LLYGAID EI WYSTLON GYDA PHOCER POETH. Dyna wnaeth Harri II i ddial ar Owain Gwynedd a'r Arglwydd Rhys, pan rwystrodd y gwynt a'r glaw iddo fe ymladd yn erbyn byddin y Cymry. Tynnodd e lygaid 22 o'i wystlon, yn eu plith dau fab Owain, a Maredudd mab yr Arglwydd Rhys. Buodd Maredudd Ddall druan yn byw fel mynach am weddill ei oes.

3. **Dull teulu Arwystli (1129–30)**

TYNNU LLYGAID A LLADD AELODAU'R TEULU. Mewn un flwyddyn cafodd saith cefnder o deulu

Arglwyddi Arwystli eu dallu neu eu lladd gan eu teulu eu hunain. Yn ôl y Saeson oedd yn byw yn ymyl, doedd dim eisiau poeni am goncro'r Cymry – roedden nhw'n rhy brysur yn lladd ei gilydd!

4. Dull Llywelyn Fawr (1230)

CROGI FEL LLEIDR HEB ACHOS LLYS.
Pan ddaliodd Llywelyn Fawr ei wraig annwyl, Siwan, yn caru gyda'i ffrind William de Breos, Arglwydd Normanaidd pwysig iawn, roedd e'n lloerig. Heb roi cyfle iddo fe ddweud sori (wel, fe fyddai hynny ychydig yn anodd) crogodd Llywelyn William fel lleidr cyffredin. (Dienyddio oedd y ffordd neis o ladd arglwydd pwysig, nid crogi.)

(Cofiwch, wnaeth hyn ddim stopio Dafydd, mab Llywelyn a Siwan, rhag priodi Isabella, merch William de Breos, chwaith!)

5. **Dull Edward I (1283)**

CROGI, DIBERFEDDU A CHWARTERU. Dyma gosb giaidd o greulon Edward I i Dafydd ap Gruffudd, brawd Llywelyn ein Llyw Ola. Roedd Ed (dyna roedd ei ffrindiau'n ei alw) yn gacwn wyllt gyda Dafydd am wrthryfela yn ei erbyn, yn enwedig ar ôl i Ed fod mor neis yn gadael i Dafydd aros gyda fe yn y llys yn Llundain, pan oedd e wedi cweryla gyda Llywelyn. Ar ôl dal Dafydd galwodd Ed holl arglwyddi mawr Lloegr i Senedd yn Amwythig a chafon nhw Dafydd yn euog o deyrnfradwriaeth – bradychu'r Brenin ei hunan.

Am hynny cafodd Dafydd ei lusgo gan geffylau trwy strydoedd Amwythig, ac yna ei grogi. Ond cyn iddo fe farw, cafodd ei gorff ei dorri i lawr, a'i agor gyda chyllell finiog. Yna, am fod Dafydd wedi dechrau'r gwrthryfel yn ystod Wythnos Sanctaidd y Pasg, cafodd ei berfedd ei dynnu allan a'i losgi ar y tân. Yn ola – ac erbyn hyn roedd Dafydd, druan bach, wedi marw – cafodd ei gorff ei dorri yn bedwar chwarter a'i anfon i bedair dinas yn Lloegr – Winchester, Northampton, Caer a York. Byddai'r chwarteri hyn yn cael eu hongian yn y strydoedd i bobl gael gweld beth oedd yn digwydd i wrthryfelwyr yn erbyn y brenin. Ond ych-a-fi – dechreuodd trefi Winchester a York ymladd yn ffyrnig am ysgwydd dde Dafydd. Winchester enillodd!

Cafodd pen Dafydd ei dorri i
ffwrdd a'i anfon at ben ei frawd,
Llywelyn, i'r Tŵr yn Llundain.

Rho dy galon
i mi! A-aw!

Cafodd Geoffrey, y crogwr,
20 swllt (arian da iawn) am
wneud ei waith atgas mor dda.
OND yn ôl un stori, pan daflodd Geoffrey galon Dafydd
ar y tân i'w llosgi, sbonciodd y galon allan a bwrw'r
crogwr yn ei lygad a dinistrio'i olwg am byth!

6. **Dull Owain Glyndwr (tua 1403)**

LLWGU I FARWOLAETH MEWN COEDEN
DDERWEN. Ar ei gefnder, Hywel Sele o Nannau
(yn ymyl Dolgellau), y gwnaeth Owain Glyndŵr,
Tywysog Cymru, ddial fel hyn. Pan oedd Owain a
Hywel allan yn hela un diwrnod, yn lle saethu at y carw
saethodd Hywel at Owain (gyda bwa a saeth, nid gwn).
Yn lwcus, roedd Owain yn gwisgo arfbais a chafodd e
ddim niwed. I ddial, llosgodd Owain gartre Hywel yn
Nannau i'r llawr.

Ond beth ddigwyddodd i Hywel? Does neb yn gwybod,
achos diflannodd e'n llwyr. Ond tua 40 mlynedd yn
ddiweddarach cafon nhw hyd i sgerbwd dyn enfawr, tebyg
i Hywel Sele, i lawr canol coeden dderwen yn yr ardal.
Oedd e wedi cael ei roi i lawr yno yn fyw ac wedi llwgu
i farwolaeth? Neu a oedd Owain wedi'i ladd e cyn ei
gladdu yn y dderwen? Fyddwn ni byth yn gwybod y gwir.

Ond fyddech chi ddim yn meiddio herio Owain
Glyndŵr ar ôl clywed y stori yna, fyddech chi?

Merched yr Oesoedd Canol Cythryblus

Dwedodd un hanesydd o'r enw Sioned Davies (menyw, sylwch):

> *Ychydig iawn rydyn ni'n wybod am ferched yn yr Oesoedd Canol. Pam? [achos mai] dynion oedd mwyafrif yr awduron [. . .] a nhw, felly, oedd yn penderfynu beth [. . .] i groniclo.*

Ond dyma **SAITH FFAITH FFIAIDD** am eu bywydau diflas:

1. Yn ôl Cyfreithiau Cymru roedd statws a gwerth merch yn dibynnu'n llwyr ar statws ei brawd (neu ei gŵr). (Felly cofiwch fod yn neis wrth eich brawd bach os ydych chi'n ferch!) Os câi merch ei llofruddio roedd yn rhaid i'r llofrudd (a'i deulu) dalu'r pris am ei bywyd. Yr enw am y pris bywyd oedd GALANAS. Ond dim ond hanner gwerth pris bywyd ei brawd oedd gwerth galanas merch.

2. Byddai merched yn priodi'n ifanc iawn. Dim ond 10 oed oedd Siwan, merch y Brenin John, pan briododd hi Llywelyn Fawr yn 1205. Roedd Llywelyn tua 32 oed.

3. Roedd Cyfreithiau Cymru'n caniatáu i wraig gael ysgariad oddi wrth ei gŵr os oedd.

- e'n methu cael plant
- e'n sâl iawn
- ei anadl e'n drewi.

Ac os oedden nhw wedi bod yn briod am saith mlynedd roedd yn rhaid rhannu'r eiddo yn gyfartal rhwng y gŵr a'r wraig.

Byddai'r gŵr yn cael: y moch, yr ieir ac un gath; y mab hynaf a'r mab ieuengaf

Byddai'r wraig yn cael: y defaid, y geifr a gweddill y cathod; y mab canol.

(Yn Lloegr doedd dim modd cael ysgariad, a'r gŵr oedd biau popeth yn y briodas.)

4. Dyma siart o hoff enwau merched yn yr Oesoedd Canol:

Cymraeg	Normanaidd	Hanner a hanner
1. Gwenllïan	Ann	Annes
2. Gwladus	Agnes	Marged
3. Gwenhwyfar	Alice	Alys
4. Tangwystl	Catherine	Catrin
5. Angharad	Jane	Siân

5. Roedd yn rhaid i ferched cyffredin weithio'n galed iawn, iawn (yn enwedig pan fyddai'r dynion i ffwrdd yn joio ymladd mewn rhyfel). Bydden nhw'n gorfod cribo a nyddu gwlân; golchi dillad; gwnïo; helpu ar y fferm gyda'r godro a'r cynhaeaf; pobi bara a macsu (bragu) cwrw i'w werthu (dynion fyddai'n yfed y cwrw gan amla); heblaw sôn am lanhau'r tŷ, paratoi bwyd a gofalu am y plant a'r hen bobl. (Doedd dim amser i fynd i Ferched y Wawr, felly!)

Wyt ti wedi gorffen golchi etu?

6. Doedd pob merch ddim yn berffaith chwaith. Roedd ambell un yn dwyn pethau fel gwlân, pys, blawd, defaid neu wartheg. Cafodd gwraig Hywel ap Dafydd (does neb wedi cofnodi enw'r wraig, wrth gwrs!) ddirwy am ymladd ac anafu menyw arall nes ei bod yn waed i gyd, yn 1325.

7. Doedd pob merch ddim eisiau priodi a chael plant. Byddai'r rhain yn dewis byw fel lleianod. Roedd lleianod yn credu eu bod nhw wedi priodi Iesu Grist. Roedden nhw'n byw mewn lleiandy ac yn treulio'r dydd (a'r nos) yn gweddïo a gweithio. Dim ond tri lleiandy oedd yng Nghymru (roedd yn well gan ferched Cymru briodi yn lle byw fel lleianod).

Roedd abades (meistres) lleiandy Llan-llŷr yn cadw mwnci anwes – roedd hi'n torri'r rheolau'n llwyr (ond wrth edrych ar y rheolau does dim syndod).

Rheolau Rhyfedd:

Dim priodi
Dim bod yn berchen eiddo
Bod yn ufudd
Dim cadw mwnci anwes.

COSB:
byw ar fara a dŵr am
bythefnos.

Ambell ddynes ddiddorol arall (ac ambell un ddrwg)

✚ Digwyddodd sgandal fawr yn 1170 pan syrthiodd yr Abad Enoc o abaty Ystrad Marchell dros ei ben a'i glustiau mewn cariad â lleian hardd o leiandy newydd Llansantffraid yn Elfael. Ond, ar ôl tipyn o hanci panci, dychwelodd Enoc i Ystrad Marchell a setlo i lawr eto ar ôl yr holl gynnwrf. Ond does dim sôn beth ddigwyddodd i'r lleian druan a chaeodd y lleiandy achos y sgandal enfawr.

✚ Menyw beryglus oedd Elen, un o ferched Llywelyn Fawr. Lladdodd hi ei gŵr, y Norman John le Scot, Iarll Caer, trwy ei wenwyno. Yn ôl y sôn priododd hi Robert de Quincy bron ar unwaith ar ôl angladd

John a chafodd hi mo'i chosbi am lofruddio'i gŵr cynta.

Hoffet ti arsenig, cariad?

✛ Yng nghanol Llundain, ar safle hen eglwys St Swithin, mae cerflun i gofio un o ferched trasig Cymru'r Oesoedd Canol – Catrin Glyndŵr, merch Owain Glyndŵr a'i wraig Margaret. Roedd Catrin wedi priodi un o arglwyddi pwysicaf Lloegr, Edmund Mortimer, ac roedd e wedi ymuno â gwrthryfel Glyndŵr. Cafodd Edmund ei ladd pan syrthiodd castell Harlech, ond cafodd Catrin a'i dwy ferch fach eu carcharu yn Nhŵr Llundain a buon nhw farw yno yn 1413 a'u claddu yn eglwys St Swithin.

Nest – y Pishyn Pert (neu'r Haden Handi!)

Roedd Nest, merch Rhys ap Tewdwr, Brenin Deheubarth (buodd e farw yn 1093) yn bishyn a hanner mae'n rhaid. Hi oedd y fenyw berta yng Nghymru ac roedd dynion yn syrthio dros eu pennau a'u clustiau mewn cariad â hi.

Cafodd hi:

UN neu DDAU ŵr (does neb yn siŵr, ond falle bod Nest yn gwybod!) ac o leia BUMP cariad arall ('dyn ni ddim yn gwybod enwau pob un ohonyn nhw) a NAW o blant (ond doedd hynny ddim yn llawer yn yr Oesoedd Canol).

Mae'n drueni mawr na chadwodd Nest ddyddiadur. Byddai wedi darllen fel opera sebon.

Roedd Nest, merch Rhys ap Tewdwr,
Y ferch berta yng Nghymru i gyd,
A'r Cymry a'r Normaniaid
Yn syrthio dan ei hud;
Ond fel tywysoges bwysig
A'i thad yn Frenin o fri,
Châi Nest ddim llawer o ddewis
Pwy fyddai'n ei phriodi hi.

A Gerald de Windsor, y Norman,
A'i cafodd yn wraig, iddo fe
Gael setlo fel Cwnstabl Penfro
A choncro Cymry y de;
Ond er fod y Norman yn gyfrwys,*
O dricie slei bach yn llawn,
Fe gafodd Nest sawl cariad
O dan ei drwyn e, bron iawn.

Harri'r Cyntaf, Brenin Lloegr,
Oedd un o'i chariadon hi,
Cafodd Nest blentyn 'da hwnnw
Harri ap Harri, welwch chi;
Un arall oedd Hae, siryf Penfro,
A'u mab nhw oedd William ap Hae,
A wedyn daeth Stephen, Aberteifi,
Dyna bedwar Norman, fel 'tae.

Ond Cymro, Owain ap Cadwgan
O Bowys, un noson a ddaeth
I lawr i gastell Cilgerran
A syrthio amdani a wnaeth;
Penderfynodd e ei chipio
Ar noson dywyll ddu,
Daeth nôl i'r castell â'i filwyr
A thorron nhw i mewn yn hy.

Roedd Gerald a Nest yn cysgu
Yn y gwely lan y tŵr,
Ond roedd Nest yn hanner disgwyl
Am Owain, yn ddigon siŵr;
Fe ddeffrodd hi Gerald o'i drymgwsg
A dweud wrtho am ffoi ar frys,
A chododd yntau ar unwaith
Â dim amdano, ond crys.

Erbyn hyn roedd y tŵr yn wenfflam
A dim unman i Gerald ffoi,
Ond roedd gan Nest gynllun clyfar
Ac meddai hi wrth y boi,
'Rhaid i ti ddiflannu yn sydyn
Lawr twll y toiled fan draw,
A llithro yng nghanol y carthion
I ddrewdod y ffos a'r baw'.

Ac felly fe lwyddodd Owain
I gael Nest yn gariad – wel, dros dro,
Achos ar ôl ychydig fisoedd
Aeth hi'n ôl at ei gŵr, O do!;
Ac roedd Gerald yn benderfynol
O ddial ar Owain am y sen
A phan ddaeth cyfle o'r diwedd
Fe'i saethodd yn farw – Amen!

* Mae sawl stori syrffedus am gyfrwystra Gerald de Windsor. Un tro roedd Cymry Penfro wedi llwyddo i'w ddal e yng nghastell Penfro ac roedden nhw'n gwarchae y castell. Doedd braidd dim bwyd ar ôl a'r Normaniaid bron â llwgu. Beth wnaeth Gerald?

Mae dau fersiwn o'r stori – dewiswch chi:

- Esgus fod dim problem a thaflu yr unig gig oedd gyda nhw ar ôl – pedwar ochr mochyn – allan at fyddin y Cymry. Credodd y Cymry gwirion fod digon o fwyd yn y castell a bod dim pwynt i'r gwarchae. Aethon nhw adre a gadael y Normaniaid yn chwerthin yn braf am eu pennau.

- Anfonodd Gerald neges allan o'r castell yn dweud fod digon o fwyd gyda nhw o hyd. Trefnodd e fod y neges yn cael ei gollwng yn ymyl byddin y Cymry. Credodd y Cymry'r neges a mynd adre.

Annwyl syr, 'Dyn ni ddim bron â llwgu yn y castell – wir-yr! Mae gyda ni 50 buwch, 300 dafad, 30 mochyn . . . (ac os credwch chi hynna fe gredwch chi unrhywbeth!)

Ie, boi cyfrwys iawn oedd Gerald – ond ddim cweit mor gyfrwys â Nest, y pishyn pert a'r haden handi!.

CREDU MEWN CREFYDD

Roedd y rhan fwya o Gymry'r Oesoedd Canol yn perthyn i'r un eglwys – yr eglwys Gatholig – ac roedd crefydd yn chwarae rhan bwysig yn eu bywydau bob dydd. Ond y Normaniaid nerthol oedd wedi dod â'r eglwys Gatholig i Gymru, ac wrth wneud hynny roedden nhw wedi 'sgubo hen eglwys y Cymry a'u seintiau i un ochr. Roedd y Normaniaid yn benderfynol fod y Cymry yn derbyn yr eglwys Gatholig ac yn cytuno mai Archesgob Caergaint (yn Lloegr) oedd yn BEN ar yr eglwys yng Nghymru.

Ond roedd rhai Cymry'n meddwl yn wahanol. Roedden nhw eisiau i Dewi Sant fod yn brif sant Cymru; tŷ Dewi – Tyddewi – yn brif eglwys y Cymry ac Esgob Tyddewi yn Archesgob Cymru. Ysgrifennodd Rhigyfarch o Lanbadarn Fawr hanes bywyd Dewi Sant yn 1093 i hysbysebu enw Dewi a Thyddewi. Roedd ei lyfr e'n llawn o storïau rhyfeddol (celwyddog yn ôl rhai) am Dewi ac fe ddaeth Dewi Sant wrth gwrs yn nawddsant Cymru (dyna ddysgu gwers i'r Normaniaid). Ond Caergaint, NID Tyddewi, oedd y brif eglwys (dyna ddysgu gwers i'r Cymry) a ddaeth Esgob Tyddewi ddim yn Archesgob Cymru.

Roedd Urban, Esgob Llandaf, yn genfigennus iawn o statws Dewi fel seren y seintiau ac roedd e eisiau i Landaf a'i sant e, Dyfrig, fod yr un mor llwyddiannus. Felly anfonodd ei was yr holl ffordd i Ynys Enlli yn y gogledd i gael hyd i esgyrn Dyfrig a dod â nhw nôl i Landaf. Y broblem fawr oedd fod 20,000 o seintiau wedi'u claddu ar Ynys Enlli a doedd y gwas ddim yn siŵr pa rai oedd esgyrn Dyfrig. Ond fe lwyddodd e rywsut – neu dyna beth ddwedodd e wrth Urban, beth bynnag.

Fe allen nhw fod wedi ffeindio darnau oedd yn ffitio i'w gilydd, o leia.

Roedd pawb eisiau bod yn sant yn y cyfnod yma. Ond dim ond y Pab yn Rhufain oedd yn gallu dweud a oedd rhywun wedi gwneud digon o wyrthiau rhyfeddol i gael statws SANT. Pan oedd Gerallt Gymro eisiau i'r Pab gyhoeddi fod meudwy o'r enw Caradog o'r Rhos yn sant, dyma oedd y gwyrthiau gwych roedd e'n honni fod Caradog wedi'u cyflawni:

- troi sgadan (pysgod) yn geiniogau a'u rhoi i'r tlawd.

- pan geisiodd yr hanesydd enwog, William o Malmesbury, dorri bys Caradog i ffwrdd fel swfenîr i'w gadw, tynnodd y corff marw ei law yn ôl yn sydyn a chafodd William wirion sioc ofnadwy!

Yn anffodus doedd y Pab ddim wedi'i blesio – dim ond 5/10 o farciau gafodd Caradog fel sant a chafodd e mo'r teitl crand.

Ond stori Gwilym y Crach a'r 'Sant' Thomas de Cantelupe yw'r un rhyfedda. Dyma sut y byddai papur newydd o'r cyfnod wedi adrodd yr hanes heintus hwn:

Baner Abertawe

Trethi'n codi fory – t. 4

30 Tachwedd 1290

GWYRTH GŴYR!

O Farw'n Fyw!

Mae William ap Rhys, Gwilym y Crach i'w ffrindiau, wedi atgyfodi o farw'n fyw! Ac mae pobl Abertawe wedi'u syfrdanu a'u harswydo gan y wyrth ryfeddol.

Rai diwrnodau'n ôl cafodd Gwilym y Crach a Trahaearn ap Hywel eu condemnio i'w crogi ar fryncyn yn ymyl castell Abertawe. Roedd y ddau ddihiryn wedi'u cael yn euog o gymryd rhan mewn gwrthryfel gyda'r Cymry yn erbyn y Saeson. Roedd Gwilym y Crach wedi ymosod, gydag eraill, ar gastell Ystumllwynarth, ei losgi a lladd llawer o Normaniaid. Yn ôl Gwilym ei hun,

'Dim ond Cymro bach cyffredin a thlawd o Lanrhidian ar Gŵyr ydw i ac mae Arglwydd y castell, William de Breos, wedi dwyn fy nhir i a thiroedd llawer o Gymry eraill yr ardal hefyd.'

Roedd William de Breos yn gacwn wyllt. Roedd e'n benderfynol o ddysgu gwers greulon i'r Cymry a dial ar y gwrthryfelwyr gwrthun.

Felly, ganol dydd wythnos yn ôl, cafodd Gwilym a Talhaearn eu harwain allan o garchar Abertawe at y crocbren. Dim ond trowsus a chrys oedd amdanyn nhw, roedd eu dwylo wedi'u clymu tu ôl i'w cefnau ac roedd rhaff drwchus am eu gyddfau

Roedd de Breos yn casáu Gwilym y Crach gymaint nes iddo fe orfodi teulu Gwilym i roi'r rhaff i'w grogi am ei wddf e.

Roedd tua 100 o bobl wedi dod i weld y digwyddiad dychrynllyd. Dringodd Gwilym yr ysgol â'r rhaff am ei wddf. Tynnwyd yr ysgol i ffwrdd a'i adael i grogi fel sach o datws. Yna daeth tro Trahaearn. Roedd e'n ddyn mawr a thrwm iawn. Wrth dynnu'r rhaff i fyny torrodd y crocbren a syrthiodd e i lawr. Roedd William de Breos a'i fab William wrthi'n bwyta'u cinio yn y castell ar y pryd ac yn mwynhau gwylio'r olygfa ofnadwy trwy'r ffenestr.

Nawr roedd yn rhaid crogi'r ddau ddihiryn unwaith eto. Yr ail dro crogodd Trahaearn yn iawn a chafodd ei gladdu ar y bryncyn.

Crogwyd Gwilym hefyd ond cafodd ei gorff e ei gario i dŷ gerllaw. Roedd e'n edrych yn erchyll yn ôl William de Breos:

'Roedd ei wyneb e'n hollol ddu â gwaed drosto, ei lygaid wedi dod allan o'u socedi ac yn hongian allan, a'r socedi yn llawn gwaed. Roedd gwaed yn llenwi ei geg, ei wddf a'i drwyn ac roedd hi'n amhosibl iddo anadlu. Roedd ei dafod yn hongian allan o'i geg, hyd bys dyn, yn ddu ac wedi chwyddo yn anferthol – maint dau ddwrn dyn.'.

Roedd William yn hollol bendant fod Gwilym yn farw gorn.

Ond ar ôl mynd â'r corff i'r tŷ dechreuodd pawb weddïo y byddai Gwilym yn atgyfodi o farw. Gwraig yr Arglwydd de Breos, yr Arglwyddes Mary, oedd yn gweddïo fwya. Roedd hi'n galw'n arbennig am help Thomas de Cantelupe, cyn-esgob Henffordd, i atgyfodi'r corff.

Yn sydyn, ganol nos, dechreuodd Gwilym anadlu a symud un goes . . . yna'i dafod ac yna'i droed. Roedd pawb wedi cael eu brawychu a'u dychryn. Roedd yr Arglwyddes Mary yn hollol siŵr fod gwyrth anhygoel wedi digwydd – diolch i Thomas de Cantelupe.

Ar ôl iddo fe wella tipyn, cafodd *Baner Abertawe* y stori gan Gwilym y Crach ei hunan. Beth oedd e'n ei gofio?

'Dwi'n cofio gweld Trahaearn yn crogi a chlywed y dyrfa'n gweiddi. Yna daeth esgob mewn gwisg wen a dal fy nghoesau i fel ro'n i'n cael fy nghrogi. Ro'n i wedi bod yn gweddïo am help y sant Thomas de Cantelupe a diolch byth fe ddaeth e i fy achub i.'

Y peth mwya oedd yn poeni Gwilym y Crach druan nawr oedd y byddai e'n cael ei grogi am y trydydd tro!

> Tri chynnig i Gymro?

> Na, dim diolch.

Ond yn lle hynny mae'r Arglwydd a'r Arglwyddes de Breos wedi penderfynu mynd ar bererindod i weld bedd Thomas de Cantelupe yn Eglwys Gadeiriol Henffordd. Byddan nhw'n marchogaeth yr holl ffordd wrth gwrs. Bydd Gwilym y Crach yn mynd gyda nhw – ond bydd e'n gorfod cerdded a bydd rhaff fawr drwchus am ei wddf yr holl ffordd.

Bydd e'n diolch am y wyrth anhygoel – ei fod e wedi atgyfodi o farw'n fyw.

> Der 'mlân, paid â hongian o gwmpas!

Ar ôl gwrando'n ofalus ar dystiolaeth 205 o bobl, naw ohonyn nhw'n sôn am atgyfodi'r Cymro Gwilym y Crach yn Abertawe yn 1290, mae'r Pab yn Rhufain wedi penderfynu fod Thomas de Cantelupe, Esgob Henffordd, yn haeddu cael ei alw yn SANT!

10/10 i Sant Thomas felly!

CARU CREIRIAU

Oes crair yn eich ysgol chi? Oes cansen oedd yn arfer cael ei defnyddio i gosbi plant da yn cael ei harddangos mewn cwpwrdd, neu ymennydd cyn-brifathro wedi'i biclo mewn jar?

Mr Jones 1940–2004

Yn yr Oesoedd Canol roedd gan bob eglwys bron grair gwerthfawr ac roedden nhw'n gallu gwneud gwyrthiau rhyfeddol eithriadol. Wrth gwrs, byddai pobl fel pererinion yn fodlon talu'n ddrud am weld a theimlo'r creiriau yma. (Ffordd dda i'r eglwys godi arian, felly.)

✠ Penglog Sant Teilo oedd crair Llangolman (Penfro). Byddai person yn dioddef o grydcymalau neu wynegon ac mewn poen mawr yn llenwi'r penglog â dŵr ac yn ei yfed a byddai'n gwella'n wyrthiol.

✠ Roedd ffon Sant Curig yn gallu gwella chwarennau wedi chwyddo os oedd y claf yn talu ceiniog. Ond talodd un dyn sâl ddimai (hanner ceiniog) yn lle hynny, a dim ond hanner y chwarennau gafodd eu gwella. (Roedd e'n edrych yn wirion ofnadwy.)

Hoffen i tasen i wedi talu'r tâl llawn.

✠ Roedd ffynhonnau'r seintiau yn gwneud gwyrthiau hefyd. Os ydych chi'n 'nabod plentyn sy'n crio yn y nos, ewch ag e neu hi at Ffynnon Sant Deifar yn Bodfari a'i daflu e 1 mewn 1'r dŵr dair gwaith. Fydd e ddim yn crio yn y nos eto (os bydd e'n dal yn fyw!).

✠ Os ydych chi'n 'nabod rhywun sy'n sâl o gariad ewch ag e neu hi at Ffynnon y Santes Dwynwen, ar Ynys Môn, lle mae pysgod bach yn gallu dweud a fydd y cariad yn para neu beidio. Taflwch hances boced i lawr i'r dŵr, ac os daw pysgodyn bach o un ochr i gwrdd â physgodyn bach o'r ochr arall bydd popeth yn iawn. Os na, rhedwch i ffwrdd cyn gynted â phosib – mae pobl mewn cariad yn gallu bod yn beryglus.

Roedd pobl yn fodlon teithio'n bell iawn ar bererindodau peryglus i ymweld ag eglwysi mwya pwysig Cymru ac Ewrop yn yr Oesoedd Canol. Roedden nhw'n credu y byddai Duw yn fodlon maddau unrhyw ddrwg wnaethon nhw os bydden nhw'n mynd ar y pererindodau hyn.

Os ydych chi wedi bod braidd yn ddrwg yn ddiweddar byddai'n werth i chi gofio'r tabl hwn:

Roedden nhw'n dweud fod:

3 taith i Ynys Enlli (taith ofnadwy iawn mewn cwch
    bach a phawb yn sâl môr ar draws ei gilydd)
    = 1 taith i Rufain
2 daith i Dyddewi = 1 i Rufain
3 taith i Dyddewi = 1 i Jeriwsalem.

Cosbi Creulon

Roedd Cymry'r Oesoedd Canol yn credu fod Duw yn cosbi unrhyw un oedd ddim yn dangos parch at ei eglwysi e neu ddim yn gwrando arno fe. Ac mae digon o storïau syfrdanol i brofi hynny:

TROSEDD

Gadawodd Hugh Fras, Iarll Caer, i'w gŵn gysgu dros nos yn eglwys Sant Tyfrydog ar Ynys Môn.

COSB

Yn y bore roedd y cŵn i gyd yn hollol wallgof. O fewn mis roedd Hugh ei hunan yn farw gorn. Roedd môr-ladron wedi ymosod ar ei filwyr ac aeth yr Iarll allan ar gefn ei geffyl mawr i'r môr i ymladd â nhw. Roedd e wedi gwisgo arfwisg ddur o'i ben i'w draed. Ond anelodd Magnus, arweinydd y môr-ladron, saeth at lygad dde Hugh ac aeth hi'n syth i mewn trwy'i lygad i'w ymennydd a'i ladd. A dyna ddiwedd anffodus Hugh, Iarll Caer.

TROSEDD

Roedd bachgen o ardal Llan-faes, Brycheiniog, wedi ceisio dwyn cywion colomennod o nyth yn nhŵr yr eglwys.

COSB

Glynodd ei law yn dynn wrth garreg yn y tŵr. Doedd e ddim yn gallu dod yn rhydd o gwbl. Bu ei fam a'i dad yn gweddïo am dri diwrnod a thair noson yn yr eglwys, ac o'r diwedd cafodd y bachgen drwg fynd yn rhydd. Ond roedd siâp ei law yn dal ar y garreg – yn rhybudd i blant drwg eraill.

Trosedd

Roedd y Mwslemiaid wedi cipio Jeriwsalem yn 1187 ac roedd y Cristnogion yn benderfynol o ennill y ddinas sanctaidd yn ôl. Felly, trefnon nhw i gasglu byddin o Gristnogion i fynd i Jeriwsalem ar Groesgad. Daeth Archesgob Caergaint i Gymru i gasglu milwyr ond gwrthododd rhai fynd. Roedd hyn yn drosedd yn erbyn dymuniad Duw, yn ôl yr Archesgob, ac fe fydden nhw'n cael eu cosbi.

Gwrthododd milwyr Rhodri ab Owain Gwynedd ymuno â'r Groesgad a gwisgo'r Groes Goch ar eu dillad.

Mae rhywun â'i gyllell ynof i o hyd.

Cosb

O fewn pedwar diwrnod roedd y milwyr yn cael eu herlid a'u lladd gan eu gelynion. Rhuthron nhw mewn ofn mawr i ymuno â'r Groesgad, ac yn lle gwnïo'r Groes ar eu cotiau torron nhw siâp y Groes â chyllell yn eu crwyn nes bod gwaed yn llifo dros bob man.

Trosedd

Roedd gwraig o Aberteifi wedi rhwystro'i gŵr rhag ymuno yn y Groesgad trwy gydio'n dynn yn ei got a'i felt o flaen pawb, a'i dynnu e'n ôl.

Cosb

Y noson honno clywodd y fenyw lais yn dwcud wrthi y byddai'n colli rhywbeth annwyl iawn iddi. Ac yn ystod y nos trodd hi yn ei chwsg a gwasgu'i mab bach oedd yn cysgu yn ei hymyl yn farw a'i ladd.

Yn y borc gwniodd hi'r Groes Goch ar glogyn ei gŵr – a bant ag e i gael ei ladd yn Jeriwsalem!

Mynd ar y Mynachlogydd

Rocdd mynd mawr ar fod yn fynach pan agorodd y mynachlogydd newydd yn yr Oesoedd Canol. Duw a ŵyr pam, achos roedd bywyd mynach yn gallu bod yn ddiflas tu hwnt. Doedd mynach ddim yn cael:

✗ gweld ei deulu
✗ caru na phriodi menyw
✗ siarad amser bwyd

Ac roedd e'n gorfod:

✓ byw yn dlawd iawn
✓ codi am 3 o'r gloch y bore i weddïo – mewn Lladin!

✓ bod yn ufudd i'r abad (y pennaeth) neu gael ei chwipio ar ei gefn noeth
✓ gweithio'n galed iawn allan yn y caeau
✓ dysgu ysgrifennu'n daclus iawn

Fawr o fywyd, oedd e? Ond efallai eu bod nhw'n hoffi gwisgo i fyny fel mynaich:

Yn rhyfedd iawn, gan fod y mynaich yn byw MOR dda a'u bod nhw MOR dlawd, roedd brenhinoedd a thywysogion eisiau rhoi tir a chyfoeth iddyn nhw!

Cyn bo hir roedd ganddyn nhw stadau mawr. Roedd gan abaty Aberconwy dros 16,000 hectar o dir (8,000 gwaith maint cae rygbi Stadiwm y Mileniwm) a ffermydd anferth i dyfu cnydau a phori gwartheg a defaid arnynt.

Ie – ar y mynaich y mae'r bai!

Y mynachlogydd, yn bennaf, a wnaeth yr arfer o gadw defaid yn boblogaidd yng Nghymru. Roedd gan abaty Margam 5,245 o ddefaid ac roedd 4,897 dafad gan fynachlog Nedd erbyn tua'r flwyddyn 1300. A dyma'r defaid sy wedi bod yn poenydio'r Cymry ar hyd y canrifoedd:

- yn bwyta blodau a llysiau o'n gerddi;
- yn neidio allan o flaen ceir ar lonydd tywyll yn ystod y nos;
- yn rhoi cinio dydd Sul blasus gyda sôs mintys;
- yn rhoi geiriau'r gân gomig 'Defaid William Morgan';
- yn symbol o Gymru i'r rhan fwya o gartwnwyr – gyda'r genhinen, y croeso a'r canu Cymreig (mae'r rhain yn y llyfr yma), y pyllau glo (roedd y mynaich wrthi'n cloddio am lo hefyd) a'r het Gymreig (dim sôn am hon yn yr Ocsocdd Canol).
- Ie, ar y mynaich mae'r bai am y ddafad Gymreig. Ba-ah!

İechyd Da!

Meddygon Myddfai a'u meddyginiaethau amheus

Roedd pobl yn marw fel pys yn yr Oesoedd Canol. Doedd dim ysbytai, na syrjeris doctor na nyrsys, a dim rhestr aros hir chwaith! Ond roedd digon o glefydau gwrthun a heintiau hyll i ladd pobl neu i'w gwneud yn sâl. Byddech chi'n lwcus i fyw nes cyrraedd 40 oed.

Wrth gwrs, os oeddech chi'n dost, gallech chi fynd i ofyn am help crair gwerthfawr mewn eglwys neu fynachlog, neu gallech chi gymryd meddyginiaethau amheus Meddygon Myddfai – teulu o ddoctoriaid (Rhiwallon a'i dri mab) oedd yn byw ym Myddfai, yn ymyl Llanymddyfri, tua 1230.

Dyma rai o'u meddyginiaethau. Triwch chi benderfynu pa salwch sy'n mynd gyda pha feddyginiaeth. Peidiwch â gwneud camgymeriad neu byddwch chi'n siŵr o farw!

1. Peswch cas

2. Llygaid tost

3. Methu cysgu

4. Pen tost

5. Y ddannodd

6. Smotiau ar yr wyneb

7. Brathiad neidr

8. Crachen wyllt

9. Defaid ar y dwylo

10. Dŵr ar yr ymennydd

a. Cymryd darn o gig eidion amrwd a'i roi ar y gwegil (tu ôl y gwddf) bob nos i fynd i'r gwely.

b. Rhwbio gwaed tarw neu waed ysgyfarnog ar y croen cyn cysgu. Golchi'n dda yn y bore.

c. Torri tyllau trwy asgwrn y pen a gadael i'r dŵr ddod allan.

ch. I ddyn: rhoi pen-ôl ceiliog byw wrth yr anaf a'i ddal yno. I fenyw: dylid defnyddio pen-ôl iar fyw . . .

d. Cymysgu saim hwyad a saim iâr a mêr asgwrn cig yn eli a'i rwbio ar y frest.

dd. Rhoi grawn pabi coch mewn gwin, ei yfed a mynd i . . .

e. Cymryd malwoden a'i phigo â nodwydd nes bod dŵr yn dod ohoni. Golchi'r anaf â hwn a rhoi dail gwinwydd drosto.

f. Cnoi gwreiddyn cellhesg y nant (iris melyn) ond gofalu peidio â llyncu'r poer gan ei fod yn wenwynig.

ff. Cymryd llysywen, torri'i phen a'i rwbio ar y dwylo. Claddu'r pen a phan fydd e wedi pydru bydd y broblem wedi diflannu.

g. Golchi'ch llygaid â'ch piso eich hun. Cau y llygaid a chyfrif i 100.

A rhag ofn na fydd y feddyginiaeth yn llwyddiannus dyma gyngor gwirion arall:

I wybod a ydy dyn (neu fenyw) wedi marw neu yn dal yn fyw: Rhwbiwch sawdl ei droed â bloneg mochyn a rhowch e i'r ci i'w fwyta.

Os bydd y ci yn fodlon ei fwyta: mae'r dyn yn fyw.
Os bydd y ci yn gwrthod ei fwyta: mae'r dyn wedi marw.
A'r ci hefyd efallai!

Y Farwolaeth Fawr Frawychus

Yn 1349 cyrhaeddodd y Pla Du Gymru – ond sut, a beth ddigwyddodd?

Cwis Cas am y Farwolaeth Fawr Frawychus

1. O ble daeth y Pla Du?

(a) O'r lleuad ar soser chedog.
(b) O Tseina trwy Ewrop i Brydain ar longau.
(c) O Awstralia ar long bananas.

2. Sut oedd y Pla Du yn teithio?

    (a) Mewn germ ar chwain oedd yn cael
         eu cario gan lygod mawr.
    (b) Mewn poer wrth i bobl gusanu.
    (c) Mewn tacsi du.

3. Pa mor gyflym oedd y Pla Du yn teithio trwy'r wlad?

(a) Milltir yr awr.
(b) Milltir y dydd.
(c) Milltir yr wythnos.

4. Beth oedd effaith y Pla Du ar y claf?

(a) Byddai'r claf yn chwydu a chwydu llysnafedd du nes
    bod ei wyneb e'n mynd yn ddu.
(b) Byddai'r corff yn chwyddo a chwyddo a chwyddo
    nes byrstio, a llysnafedd du yn tasgu dros bob man.
(c) Byddai'n tisian, wedyn byddai pothelli hyll du yn
    ymddangos ar y corff (yn enwedig dan y ceseiliau), y
    cnawd yn pydru a'r gwynt (arogl) yn annioddefol.

5. Beth oedd y meddyginiaethau poblogaidd posibl?

(a) Cario perlysiau a blodau dan eich trwyn mewn hances.
(b) Curo dail saets, ruw a garlleg yn drwyadl a'u rhoi mewn cwrw cryf neu win. Hidlo'r hylif a'i yfed (a meddwi!).
(c) Cael bàth mewn llaeth a gwaed.

6. Beth arall fyddai'r bobl yn ei wneud i geisio cadw'r Pla Du draw?

(a) Curo neu fflangellu eu hunain â chwipiau creulon nes bod gwaed yn llifo.
(b) Beio pobl eraill, fel yr Iddewon, am ddod â'r Pla Du i Gymru a'u llofruddio.
(c) Gadael eich teulu a rhedeg i ffwrdd i'r wlad i guddio (a lledu'r Pla ymhellach!).

7. Beth oedd effaith y Pla Du ar Gymru?

(a) Bu 1/3 o'r boblogaeth farw.
(b) Doedd dim digon o bobl ar ôl i weithio ar y tir, felly roedd rhai gweithwyr yn gofyn am fwy o arian a rhai eraill yn gorfod gwneud gwaith pawb arall.
(c) Roedd pobl yn ddiflas dros ben ac yn meddwl fod diwedd y byd wedi dod.

DIWEDD Y BYD

Cael Llond Bol

Os bydd eich athrawon Hanes chi yn cael chwilen yn eu pennau (nid yn llythrennol achos llau, nid chwilod, sy'n eu gwalltiau nhw) ac yn penderfynu cynnal sesiwn 'HANES BYW', cadwch draw. (Bydd hi'n werth cynnig helpu i lanhau'r tŷ bach hyd yn oed i osgoi'r sesiwn yma). Yn y lle cynta rydych chi a fi yn gwybod fod cynnal sesiwn 'Hanes Byw' am yr Oesoedd Canol yn hollol amhosibl – mae pawb wedi hen farw; ac yn yr ail le mae'n syniad 'sglyfaethus – yn enwedig os ydyn nhw'n bwriadu trio ail greu 'Gwledd Ganoloesol'.

Os oes rhaid i chi gymryd rhan, gofalwch fod popeth posibl yn mynd o chwith (nid o dde), a wedyn fydd neb yn gofyn i chi helpu gyda sesiwn 'Hanes Byw' byth eto.

1. Anfonwch eich gwahoddiadau gwachul allan:

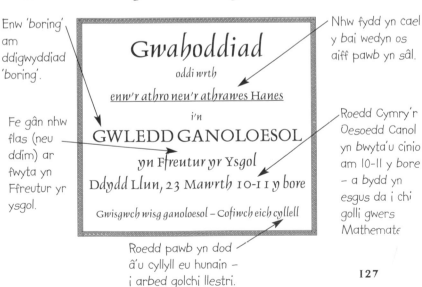

Enw 'boring' am ddigwyddiad 'boring'.

Fe gân nhw flas (neu ddim) ar fwyta yn Ffreutur yr ysgol.

Nhw fydd yn cael y bai wedyn os aiff pawb yn sâl.

Roedd Cymry'r Oesoedd Canol yn bwyta'u cinio am 10-11 y bore – a bydd yn esgus da i chi golli gwers Mathemate

> Gwahoddiad
> oddi wrth
> enw'r athro neu'r athrawes Hanes
> i'n
> GWLEDD GANOLOESOL
> yn Ffreutur yr Ysgol
> Ddydd Llun, 23 Mawrth 10-11 y bore
> Gwisgwch wisg ganoloesol – Cofiwch eich cyllell

Roedd pawb yn dod â'u cyllyll eu hunain – i arbed golchi llestri.

2. Dewiswch fwydlen i'w chofio (neu i'w hanghofio os bydd y bwyd yn ofnadwy).

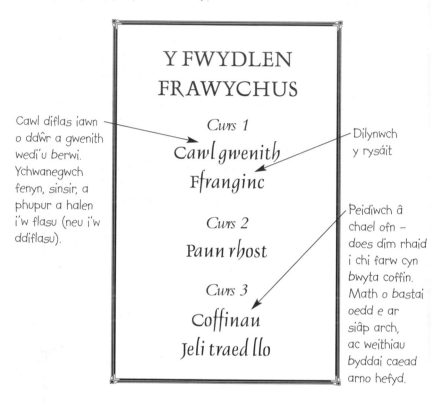

Cawl diflas iawn o ddŵr a gwenith wedi'u berwi. Ychwanegwch fenyn, sinsir, a phupur a halen i'w flasu (neu i'w ddiflasu).

Y FWYDLEN FRAWYCHUS

Cwrs 1

Cawl gwenith Ffranginc

Cwrs 2

Paun rhost

Cwrs 3

Coffinau

Jeli traed llo

Dilynwch y rysáit

Peidiwch â chael ofn – does dim rhaid i chi farw cyn bwyta coffin. Math o bastai oedd e ar siâp arch, ac weithiau byddai caead arno hefyd.

3. Gosodwch y bwrdd. Bydd angen llieiniau gwyn fel yr eira; llwyau, halen a chyllell dorri bara. Hefyd platiau wedi'u gwneud o fara wedi'i grasu fel carreg. (Peidiwch trio golchi'r rhain – neu bydd llanast.) Yn yr Oesoedd Canol roedd y bwyd yn cael ei goginio gymaint nes ei fod yn un cymysgedd gwlyb diflas.

4. A dilynwch y ryseitiau gwych yma.

Ffranginc

Nid diod inc o Ffrainc ond math o 'haggis' fel maen nhw'n ei fwyta yn yr Alban.

1. Cymerwch stumog dafad (gofynnwch i'r ddafad gyntaf wrth gwrs).
2. Cymysgwch laeth a gwaed (nid eich gwaed chi na gwaed yr athrawon), blawd ceirch, nionod ncu winwns, cennin a pherlysiau gyda'i gilydd.
3. Stwffiwch y cymysgedd i stumog y ddafad.
4. Gofalwch fod un pen y stumog wedi'i wnïo'n sownd cyn dechrau stwffio, neu bydd popeth ar hyd y llawr. (Rhagor o waith golchi llawr i'r athrawon.)
5. Clymwch y pen arall yn dynn.
6. Berwch y ffranginc yn dda mewn dŵr a halen.
7. Bwytwch e heb wneud 'stumiau.

Jeli Traed Llo

Nid jeli coch yn mynd wibl-wobl ar y plât yw hwn, ond jeli cig, fel sy ar dop tun bwyd cath neu gi. Bydd angen sosban fawr (yn berwi ar y llawr).

1. Cymerwch gwningen a'i blingo. (Dim byd i wneud â 'bingo'. Tynnu'r croen i ffwrdd yw blingo. Cofiwch ladd y gwningen gynta.)
2. Cymerwch fochyn a'i ysgaldio (sef tynnu'r blew i ffwrdd oddi ar groen y mochyn. Cofiwch ei ladd gynta neu bydd e'n meddwl ei fod e'n cael ei eillio.) Bydd angen dŵr berwedig a chyllell finiog iawn ar gyfer hyn.
3. Ysgaldiwch gywion ieir a'u berwi mewn gwin coch. (Rhaid lladd yr ieir gynta neu byddan nhw'n meddwi yn y gwin.)

4. Torrwch y gwningen, y mochyn a'r ieir yn ddarnau mân a'u berwi yn y sosban fawr.
5. Rhowch y sosban mewn lle oer a thynnwch yr hylif o'r cig.
6. Aildwymwch yr hylif ac ychwanegwch draed llo (4 troed sy gan lo) a berwch y cyfan nes ei fod wedi meddalu.
7. A dyma'r Jeli Traed Llo. (Os na fyddwch chi wedi gwneud traed moch o bethau, wrth gwrs!)

(Gallai'r holl gig fyddai dros ben fod yn wledd go lew i staff yr ysgol!)

Paun Rhost

1. Daliwch eich paun (tipyn o waith gan ei fod yn gallu hedfan; peidiwch â dwyn un o sw).
2. Tynnwch ei groen ond cadwch y croen, y plu, y pen, yr adenydd a'r gynffon fawr yn ddiogel.
3. Rhowch y paun i eistedd yn y tun rhostio. (Bydd hyn yn waith caled gan y bydd yr hen baun eisiau gorwedd – wedi'r cyfan bydd e wedi marw.)
4. Pan fydd e wedi coginio rhowch e ar blât mawr a rhowch y croen, y plu, y pen a'r gynffon nôl yn daclus yn eu lle.

(Bydd e'n edrych yn hardd iawn – ond fyddwch chi eisiau ei fwyta?)

Pan fydd y 'Wledd Ganoloesol' yn barod, gwahoddwch eich gelynion penna iddi.

Hynodion Hyll yr Oesoedd Canol

Ofergoelion Od Ofnadwy

Roedd Cymry'r Oesoedd Canol yn credu yn y pethau rhyfedda. Casglodd Gerallt Gymro lawer o storïau od ofnadwy wrth fynd ar ei daith o gwmpas Cymru yn 1188.

Dyma'r **PUMP UCHA** yn siart **Ofergoelion Od Ofnadwy Cymru:**

Rhif Pump

Roedd dyn o'r enw Meilyr yn byw yn ymyl Caerllïon. Roedd e'n gallu codi cythreuliaid – nid eu codi i fyny yn yr awyr ond gwneud i gythreuliaid ymddangos. Un dydd Sul y Blodau roedd Meilyr yn caru gyda merch bert a dechreuon nhw gusanu. Ond yn sydyn fe drodd y ferch yn fwystfil blewog hyll. Cafodd Meilyr sioc enfawr a chollodd ei bwyll. (Does dim sôn beth ddigwyddodd i'r bwystfil druan pan welodd ei fod yn cusanu Meilyr!)

Help!!

Rhif Pedwar

Disgybl deuddeg oed yn Abaty Nedd oedd Elidir.
Roedd ei athrawon yn ei guro fe'n gas ac un diwrnod,
yn lle mynd i'w wersi, penderfynodd Elidir redeg i
ffwrdd i chwarae ar lan yr afon Nedd. Yno gwelodd e
ddau gorrach bach. Gwahoddon nhw Elidir i fynd gyda
nhw i wlad y Tylwyth Teg dan y ddaear. Roedd gan y
corachod geffylau maint cŵn, ac yn eu gwlad hardd
roedd llawer iawn o bethau wedi'u gwneud o aur.
Cafodd Elidir ei gyflwyno i Frenin y corachod a buodd
e'n chwarae pêl gyda mab y brenin. Ar ôl hyn câi Elidir
fynd a dod i wlad y corachod fel roedd e'n dewis. Ond
roedd mam Elidir yn fenyw farus ac roedd hi eisiau iddo
fe ddod â pheth o'r aur adre iddi hi. Felly, un diwrnod,
cipiodd Elidir bêl aur a rhedodd nôl at ei fam (rêl Babi
Mami!). Ond dilynodd y corachod e, baglodd Elidir cyn
cyrraedd i mewn i'r tŷ a chipiodd y corachod y bêl yn
ôl. Chafodd Elidir ddim mynd nôl i wlad y corachod
byth eto. (Ydych chi'n synnu?)

Rhif Tri

Yn Sir Frycheiniog, Powys, roedd
dyn o'r enw Gilbert Hagumell
yn byw. Roedd e'n cael poenau
ofnadwy yn ei stumog am dair
blynedd ac yn y diwedd
rhoddodd e enedigaeth i lo!
Cafodd e sioc ofnadwy a
phawb arall yn y gynulleidfa
fawr oedd wedi casglu i weld y
digwyddiad rhyfeddol.

He-lo! Beth gawn ni alw hwn 'te?

Llo ap Gilbert?

Rhif Dau

Ar Ynys Môn roedd carreg enfawr ryfeddol o'r enw
Maen Morddwyd. Roedd hi ar siâp asgwrn top coes dyn
(morddwyd). Os byddai'r Maen yn cael ei symud
byddai'n dychwelyd cyn y bore i ymyl y bwthyn lle
roedd yn byw. Clywodd yr Arglwydd Normanaidd,
Hugh, Iarll Amwythig y stori hon a phenderfynodd
brofi'r Maen a dangos
iddi pwy oedd y cryfa.
Clymodd e'r Maen
â chadwynau yn sownd
wrth garreg fawr a thaflu'r
cyfan allan i ganol afon Menai.
Ond erbyn trannoeth roedd y
Maen nôl gartre yn ymyl
y bwthyn. (A dyna ddangos i
Hugh pwy oedd y bòs!)

O! Na! dim pâr
arall o gariadon!

Roedden nhw'n dweud hefyd –
os byddai cariadon yn cusanu
wrth ymyl y Maen y byddai'r
garreg yn chwysu!

Rhif Un ac ar FRIG y Siartiau yr wythnos hon

Yng Nghemaes, Sir Benfro, roedd Seisyll Esgair-hir
(Coesau Hir) yn byw ac roedd e'n sâl iawn, iawn yn ei
wely. Daeth pla o frogaod i boeni'r tŷ. Bu'r teulu wrthi
fel lladd nadredd yn lladd y brogaod ddydd a nos, ond
roedd rhagor ohonyn nhw'n dod o hyd. Roedd hi'n

amlwg mai Seisyll oedd yn denu'r brogaod i'r tŷ. Felly penderfynodd teulu Seisyll ei glymu e mewn sach a llusgo'r sach i hongian o ben coeden uchel allan o ffordd y brogaod. Ond dringodd y brogaod i fyny'r goeden ar ei ôl e a'i fwyta'n fyw. Ar ôl rhai dyddiau dim ond sgerbwd oedd ar ôl yn y sach!

Aɴɪ Fᴇɪʟɪᴀɪᴅ Aɴɢʜʀᴇᴅᴀᴅᴡʏ

Roedd y Cymry'n hoff iawn o chwedlau chwithig am anifeiliaid amheus ac anghredadwy fel y rhain:

Llygod Llwglyd Ynys Lannog

Dim ond llond lle o lygod bach a meudwyaid (dynion da iawn oedd byth yn cweryla) oedd yn byw ar Ynys Lannog yn yr Oesoedd Canol. Ond weithiau, byddai'r dynion da iawn yma'n ffraeo yn eithaf cas. Roedd hyn yn mynd ar nerfau'r llygod a bydden nhw'n dod allan o'u tyllau i gosbi'r meudwyaid cecrus. Bydden nhw'n

bwyta'u bwyd nhw i gyd, ac os na allen nhw fwyta rhagor
bydden nhw'n difetha'r gweddill trwy biso arno fe.

Cyn bo hir roedd y meudwyaid bron â marw o newyn a
bydden nhw'n barod iawn i ysgwyd llaw a dod nôl yn
ffrindiau gyda'i gilydd eto. (Oes angen llygod llwglyd
Ynys Lannog i ddod i ymweld ag iard eich ysgol chi?)

Ro'n i'n trio colli pwysau!
Os na fydd y dynion 'na'n
stopio cweryla bydda i'n
llygoden fawr!

Gelert Gwaedlyd

Gelert yw ci enwoca hanes Cymru. Mae miloedd o
bobl, o dros y byd i gyd, yn ymweld â bedd Gelert bob
blwyddyn. Yn ble? – wel ym Meddgelert, wrth gwrs!
Mae siopau, tai bwyta a thafarnau'r pentre bach yn falch
iawn fod Gelert druan wedi marw mor drasig. Maen
nhw'n gallu gwneud llawer o arian o'r twristiaid sy'n
dod i grio uwchben y bedd. (Bydd angen hances boced
arnoch CHI hefyd wrth ddarllen stori Gelert.)

Ci hela mawr oedd Gelert. Cafodd Llywelyn Fawr e'n
bresant oddi wrth ei dad yng nghyfraith, y Brenin John.
Un diwrnod aeth Llywelyn allan i hela a gadael Gelert
yn gwarchod Dafydd, ei fab bach chwe mis oed. Pan
ddaeth Llywelyn adre gyda'r nos, rhedodd Gelert allan i
gwrdd ag e. Ond roedd y ci yn waed o'i ben i'w draed a
gwaed yn diferu o'i geg.

Rhewodd gwaed Llywelyn. Rhedodd i'r castell ac i 'stafell Dafydd. Gwelodd y crud wyneb i waered a dim golwg o'r babi. Credodd Llywelyn fod Gelert wedi lladd y babi a'i fwyta. Trywanodd Llywelyn Gelert yn farw gyda'i gleddyf mawr. (Efallai ei fod e'n arweinydd MAWR ond roedd e'n fyrbwyll iawn.)

Yn sydyn clywodd Llywelyn sŵn babi bach yn crio. Dyma fe'n symud y crud a gweld Dafydd yn holliach ar y llawr ac wrth ei ymyl roedd corff blaidd enfawr. Sylweddolodd Llywelyn fod Gelert wedi achub y babi trwy ladd y blaidd. Roedd Llywelyn bron â thorri'i galon. Cariodd e gorff Gelert ffyddlon allan a'i gladdu'n barchus. Pan glywodd pobl yr ardal y stori drasig yma daethon nhw i weld y bedd a rhoi carreg arno i gofio am Gelert druan.

Mae'n stori dda. OND – ydy hi'n wir?

600 mlynedd ar ôl amser Llywelyn daeth dyn o'r enw David Pritchard i gadw tafarn ym Meddgelert. Roedd e eisiau gwneud llawer o arian trwy ddenu twristiaid i yfed yn ei dafarn. Sut? – trwy godi bedd i gi o'r enw Gelert a dweud mai dyma ystyr enw'r pentre, Beddgelert. Ac fe lwyddodd e. (Clyfar iawn, Mr Pritchard!)

Diolch am fy ngwneud i'n hapus Gelert!

GELERT 1200-1208

Bwrlwm y Beirdd

Roedd llawer iawn o feirdd yng Nghymru'r Oesoedd Canol. Wel, roedd e'n fywyd bach neis yn teithio'r wlad, yn aros mewn plasau hyfryd a bwyta bwyd gyda'r uchelwyr.

A'r cyfan yr oedd yn rhaid i'r bardd ei wneud oedd ysgrifennu cerddi.

Ar y dechrau, roedd rhai beirdd yn credu mai'r ffordd orau i ysgrifennu barddoniaeth oedd trwy roi rhes o eiriau mawr hir ar ôl ei gilydd. Dyma ran fach iawn o gerdd hir iawn Cynddelw Brydydd Mawr (bardd enwog iawn) i'r Dywysoges Efa o Bowys tua 1170:

Gorfynwg drythyll gorwych iolwyf,
Gorddawg, pall eurawg, pell nas gwelwyf,
Gorfelyn caled, colledig wyf,
Collais gall ateb y neb a'm nwyf.

(Dim ond gobeithio fod Efa'n ei deall hi. Ac roedd Cynddelw'n cael ei dalu am hynna!)

Ond erbyn tua 1350 roedd y beirdd yn ysgrifennu ychydig yn fwy syml. Ac roedd rhai o'r cerddi'n gwneud synnwyr hyd yn oed!

Mae cannoedd o'r cerddi hyn ar gael:

✠ Rhai yn canmol yr uchelwyr a'u gwragedd. (Nhw oedd yn talu, felly roedd yn rhaid eu canmol, hyd yn oed os oedden nhw'n bobl ofnadwy.)

✠ Rhai yn gofyn am bresantau fel ceffyl, hebog, ci hela neu bais! ac ambell gerdd i ddiolch hefyd. (Fe gaen nhw bresant arall wedyn!)

✠ Rhai i gofio am rywun oedd wedi marw. Collodd y bardd Gwilym ap Sefnyn ei ddeg plentyn achos y Pla Du ac mae'i gerdd e i gofio amdanyn nhw yn drist iawn iawn. (Feri, feri sad!)

✠ Rhai i wneud hwyl am ben beirdd eraill. Bydden nhw'n galw'r enwau mwya dychrynllyd ar ei gilydd:

RHYBUDD: Peidiwch chi â thrio gweiddi'r enwau yma ar eich ffrindiau os nad ydych chi'n fardd mawr iawn iawn.

✤ A cherddi caru. Dafydd ap Gwilym oedd carwr
mwya'r Oesoedd Canol. (Wel, roedd e'n credu hynny
'ta beth.) Roedd e'n ffansïo dwy ferch yn arbennig:

(a) Roedd e wedi mopio'i ben
am Morfydd:

GOLWG: Blonden ond ag
aeliau tywyll.
CARTREF: O deulu Nannau,
ger Dolgellau, bu'n byw yn
Eithinfynydd ger
Llanuwchllyn ond wedyn
symudodd i Lanbadarn ger
Aberystwyth (yn ymyl cartre Dafydd [winc, winc]).
STATWS: Priododd ddyn o'r enw Cynfrig Cynin neu' r
Bwa Bach. (Roedd hwn yn enw da i Dafydd gael
gwneud hwyl am ei ben.) Roedd Dafydd yn dal i'w
charu er ei bod yn briod ac yn fam.
CERDDI: O leia 23 cerdd. Anfonodd Dafydd y gwynt ati
ar neges!

(b) Ac roedd e'n dotio at Dyddgu:

GOLWG: Pert iawn – gwallt du a chroen gwyn. (Doedd
lliw haul ddim yn ffasiynol yn yr Oesoedd Canol.)
CARTRE: Tywyn, de Ceredigion.
STATWS: Sengl, ond merch yr uchelwr Ieuan ap
Gruffudd ap Llywelyn.
CERDDI: tua 9 cerdd. Anfonodd Dafydd y carw ar neges
ati hi.

Ond yn anffodus doedd dim un o'r ddwy yn ffansïo
Dafydd rhyw lawer. Felly – beth oedd y sgôr?

Morfudd: 23; Dyddgu: 9; Dafydd: 0.

Gwirioni ar Gynghanedd

Mae'ch athrawon Cymraeg chi (*os* ydyn nhw werth eu halen) yn gwirioni ar gynghanedd siŵr o fod. Ond peidiwch â gofyn iddyn nhw egluro cynghanedd i chi, achos fe fyddan nhw'n dechrau ysgrifennu sgribls a fformiwlâu mathemateg ar hyd y bwrdd du (neu wyn) a byddwch chi yna trwy'r dydd (a'r nos).

Triwch chi weld sut mae gorffen y llinellau yma o gynghanedd ganoloesol. Defnyddiwch eich clust (neu eich dwy glust) i glywed sŵn y gynghanedd.

1.	Ystad bardd	A.	ar ôl glaw creulon
2.	Gair teg	B.	astudio byd
3.	Anodd	C.	a ddwg cymod
4.	Adde(f) cam	CH.	a wna gariad hir
5.	Ceir haul	D.	yw dysgu annoeth

a'r atebion:

1 a B – *Ystad bardd astudio byd*
YSTYR: Gwaith bardd yw astudio'r byd o'i gwmpas. (Felly y tro nesa y cewch chi stŵr am edrych allan trwy'r ffenestr yn y wers Ddaearyddiaeth, dwedwch eich bod chi'n fardd.)

2 a CH – *Gair teg a wna gariad hir*
YSTYR: Os dwedwch chi air neis wrth rywun bydd e'n garedig nôl wrthoch chi. (Fe allech chi drio hyn gyda bwli mwya'r ysgol os bydd e'n dwyn eich pêl-droed chi.)

3 a D – *Anodd yw dysgu annoeth*
YSTYR: mae'n anodd dysgu rhywun sy ddim yn ddoeth.
(Bydd eich athrawon chi'n deall y dywediad yma.)

4 a C – *Addef(f) cam a ddwg cymod*
YSTYR: Os ydych chi'n cyfaddef eich bod chi ar fai
bydd y person arall yn fodlon maddau i chi. (Triwch
hwn gyda'ch tad pan fyddwch chi wedi torri rhywbeth
gwerthfawr yn y tŷ. Ond byddwch yn barod i redeg os
na fydd e'n gweithio.)

5 a A – *Ceir haul ar ôl glaw creulon*
YSTYR: Dyw storm o law (neu rywbeth drwg iawn)
ddim yn para am byth. (Gellwch ddweud hyn wrth eich
brawd pan fyddwch chi wedi dwyn ei holl deganau e.)

Cythraul Canu

Yn Aberteifi yn 1176 y dechreuodd cythraul canu (pawb
yn cweryla a ffraeo am ennill) a'r arfer afiach yng Nghymru,
sef cynnal eisteddfod. Syniad yr Arglwydd Rhys i ddathlu'r
Nadolig oedd e. (Doedd dim Siôn Corn i gael bryd
hynny.) Ond doedd Rhys ddim yn gallu galw'r cyfarfod
yn eistedd-fod achos dim ond dwy gadair oedd yna! –
un i'r bardd gorau ac un i'r cerddor gorau. (Dim cân
actol, na dawnsio gwerin na llefaru – dyna eisteddf-od.)

Er bod pobl o Loegr, yr Alban ac Iwerddon wedi cael eu
gwahodd i'r 'eisteddfod' yma, syrpréis, syrpréis, Cymry
enillodd y ddwy gadair. A (syrpréis, syrpréis eto) telynor
o lys Rhys enillodd gadair y cerddor gorau a bardd o
Wynedd enillodd gadair y bardd gorau. Mae'n dda
hynny neu efallai byddai rhyfel wedi torri allan rhwng y
de a'r gogledd – dyna beth yw cythraul cystadlu.

Briwsion Blasus

Oeddech chi'n gwybod?

Mai Cymro oedd wedi darganfod America? A hynny ymhell cyn i Christopher Columbus hwylio yno yn 1492. Madog ab Owain Gwynedd oedd ei enw e. Yn 1170 roedd e wedi diflasu cymaint ar ei frodyr yng Ngwynedd yn ymladd a lladd ei gilydd nes iddo fe benderfynu hwylio mor bell o Gymru ag y gallai. Ar ôl tua blwyddyn, fe laniodd e a'i wyth llong yn Mobile Bay, America (er nad oedd e'n gwybod ble roedd e a doedd dim enwau ar y llefydd eto chwaith), a gwelodd e fod yr Indiaid oedd yno wedi 'darganfod' y wlad ymhell o'i flaen e a Columbus.

Mae sawl stori syrffedus am helyntion y tywysog mentrus, Madog. Ond ydyn nhw'n wir?

- Mae rhai'n dweud fod Madog wedi arwain Americanwyr o ogledd y wlad i'r de ac mai nhw sefydlodd Mecsico.

Dwi'n galw'r wlad yma yn Madogsico!

• Ond mae pobl eraill yn dweud fod Madog wedi teithio i fyny afonydd yr Alabama a Missouri mor bell â North Dakota.

Chwe chant o flynyddoedd yn ddiweddarach roedden nhw'n dweud fod Indiaid Mandan yn North Dakota yn siarad cymysgedd o Mandan a Chymraeg. Aeth dyn o'r enw John Evans o'r Waunfawr, Caernarfon, allan i chwilio am yr Indiaid Cymraeg yma a bu e'n byw gyda'r Mandan am tua blwyddyn. Ond doedden nhw ddim yn siarad Cymraeg, medde fe. Roedd John Evans mor drist druan, bu e farw yn New Orleans yn ddim ond 29 oed.

O.N. Wrth gwrs mae'r Gwyddelod yn dweud mai un ohonyn nhw – St Brendan – oedd wedi 'darganfod' America, a hynny ymhell cyn Madog na Columbus.

CAU PEN Y MWDWL

A dyna ddiwedd ar yr hanesion atgas
Am yr Oesoedd Canol a'u profiadau diflas;

Pan nad oedd ffôn ar y lôn, pêl-droed na rygbi,
Dim operâu sebon na rhaglenni realiti;

Ac eto, roedd digon o chwedlau chwithig
Am ladd a llofruddio a dial dieflig;

Gormes a gorthrwm gan Gymro a Norman,
Brenhinoedd, tywysogion ac arglwyddi aflan;

Meddyginiaethau amheus ac arferion afiach,
Ryseitiau rhyfeddol ac ofergoelion rhyfeddach;

Credoau od a chosbau creulon,
Cymeriadau brith – mor hyll eu hanesion.

★   ★   ★

Ffarweliwn yn llawen â'r Oesoedd Canol,
Diolch byth fod y cyfan yn y gorffennol;

Ac wrth inni gau pen y mwdwl canoloesol
Edrychwn ymlaen yn ffyddiog i'r dyfodol

I ddarllen cyfrol o hanesion hyfryd
Am gyfnod y Tuduriaid – a'r Stiwartiaid hefyd . . .

Tybed yn wir? Ond stori arall yw honno . . .